Festung Königstein

Monument und Mythos sächsischer Geschichte

Reiner Groß

Sax Verlag

Umschlagmotive
Titelseite: Friedrichsburg mit Blick auf die Elbschleife
Rückseite: Rundweg entlang der Festungsmauer
Innenseite vorn: Georgenburg mit Bastion, hinten: Hungerturm vor der Georgenburg

Bibliografische Information der Deutschen Nationalbibliothek

Die Deutsche Nationalbibliothek verzeichnet diese Publikation in der Deutschen Nationalbibliografie; detaillierte bibliografische Angaben sind im Internet über http://dnb.d-nb.de abrufbar.

ISBN 978-3-86729-117-0

1. Auflage 2014

Umschlag: Birgit Röhling, Markkleeberg
Printed in Germany
www.sax-verlag.de

Inhalt

Blick zum Königstein (Bildmitte), Aufn. 2013

Festung Königstein – Monument und Mythos sächsischer Geschichte

Wenn in Deutschland im Verwandten- und Freundeskreis gefeiert wird, ob bei Geburtstag, Hochzeit oder anderweitigen Gelegenheiten, dann wird vielfach ein altes Studentenlied angestimmt. Im geschlossenen Raum, im Saal oder im Freien erschallt es: »Auf der Festung Königstein, jupheidi, jupheida, muss doch auch ein Hauptmann sein, jupheidi, jupheida. Der Hauptmann, so ein Teufelsbraten, trinkt Brüderschaft mit den Soldaten. Jupheidi, Jupheida ...« Bei großer Lustigkeit folgen nach diesem ersten Vers in schier unerschöpflicher Phantasie selbst gedichtete Strophen. Der Königstein als die Krone der Sächsischen Schweiz ist im Bewusstsein der Menschen fest verankert und wird weiterleben, bei den Sachsen ohnehin und ebenso in anderen deutschen Landen.

Wie die legendäre Festung im Rundgesang immer wieder fröhliche Urständ feiert, so ist der Mythos »Königstein« auch in Gedichten eingefangen. In einer von Pfarrer Justus Sieber, der 34 Jahre in Bad Schandau lebte, verfassten und 1710 im Druck erschienenen Schrift über die Festung Königstein wird der »lautre Felß hoch in die Luft erhoben« mit überschwänglichen Worten gepriesen:

> Du lüsternds Auge komme in Meißnische Revieren,
> Und lasse nur Begier zu Wunder-Dingen spühren,
> Da wird dir kommen für der edle Königstein,
> Dergleichen anderswo nicht wird zu finden seyn.
> Da ist ein lautrer Felß hoch in die Luft erhoben,
> Auf dem nach Reisen man mit Lusten sich kan laben,
> Wo Wasser, Bier und Wein zum Brauch stets ist bereit,
> Wo ein geraumer Wald die Augen sehr erfreut.
> Wo ein sehr tiefer Brunn vom kläresten Gewässer,
> Wo für die Fisch ein Teich, die immer wachsen grösser,
> Wo Rüstung und Gewehr, wenns an ein Kriegen geht,
> Daß also dieser Felß in keinen Furchten steht.
> Hier bauen immer noch die Welt-berühmten Sachsen,
> Daß von Augusten her der Königstein gewachsen; ...

130 Jahre später schuf der auf dem Königstein geborene und als Bauschreiber tätige Ludwig Beyrich ein großes Lobgedicht auf seinen Wohn- und Arbeitsort. Es steht in der von ihm verfassten und in das Jahr 1842 datierten Chronik des Königsteins, die leider ungedruckt geblieben ist. In dieser Hymne ist alles angesprochen, was noch heute den Mythos des Königsteins ausmacht:

Kennst Du den Fels im schönen Sachsenland,
Begränzt am Fuß vom goldnen Albisband,
Der hoch erhoben in die Wolken steigt,
Der Frömmigkeit und Menschen auch den Weg zum Himmel zeigt?
Kennst Du ihn wohl? Dahin, dahin
Mußt Wandrer, Du, einst zur Bewunderung ziehn.

Kennst Du die Vest', berühmt im deutschen Gau,
Kennst Du den mächtigen, riesenhaften Bau?
Des Trutz und Wehr dem grimmen Feinde beut,
Der Schutz und Recht dem edlen Fürsten leiht.
Kennst Du ihn wohl? Ja dort, nur dort
Ist stets der Ruh', des Friedens steter Ort.

Kennst Du den Stein, der König stets genannt,
Der schirmend wacht für's treue Sachsenland.
Wo – sag mir an – ist von Europens Höhn,
Ein Gleiches wohl noch neben ihm zu sehn?
Kennst keinen Ort mehr! O nein, o nein,
Es gibt nur einen einz'gen Königstein.

So muss man sich nicht wundern, dass der Königstein in Zeiten zunehmender Mobilität und anbrechenden Fernwehs eine große Anziehungskraft auf Reisende ausübte, die nach Sachsen kamen. Als im Sommer 1831 der 26-jährige dänische Schriftsteller Hans Christian Andersen auf seiner ersten Auslandsreise in Dresden weilte, besuchte er natürlich auch die Sächsische Schweiz. In seinem 1847 in Leipzig gedruckten Reisebericht schreibt er: »Bei Schandau stiegen wir ans Land, ... wir hatten noch eine Felspartie zu besuchen, den bekannten Lilienstein ... Welch herrliche Aussicht in die böhmischen Berge! Tief unten zwischen den von der Sonne beschienenen grünen Wiesen floss

Die Festung Königstein mit dem Lilienstein von Westen gesehen, Radierung von Bernardo Bellotto, gen. Canaletto, 1764–1766

der Elbstrom, und am jenseitigen Ufer war das Städtchen Königstein sichtbar unter dem stolzen Felsen, auf dem die weltberühmte Festung liegt.«

So ist es noch immer und wird weiter so bleiben. Majestätisch steht das Felsmassiv mit seinen weithin sichtbaren Festungsmauern und -gebäuden über dem Elbtal. Ungebrochen ist der touristische Zustrom, jährlich kommen etwa eine halbe Million Menschen auf den Königstein. Und das Wort des Pirnaer Kantors Christian Heckel aus dem Jahre 1736 schreibt sich fort: Wer nach Sachsen kommt und hat die Festung Königstein nicht aufgesucht, der hat eigentlich von diesem Land nicht allzu viel gesehen.

Bis vor wenigen Jahrzehnten war dieses von Menschenhand bebaute Kunstwerk der Natur nur zu Fuß zu erklimmen. Dies wird in der Chronik von Beyrich mit folgenden Worten beschrieben: »Um hinsichtlich der Topographie eine Umschau auf dem Königstein zu halten, ist es wohl geeignet, mit dem Eingange in diese selbst zu beginnen, und deshalb versetzen wir den Wanderer auf die, am Fuße desselben gelegene und zu dieser gehörige, einem Pächter gegen geringes Pachtquantum überlassene, neue Schänke. Von hier führt eine gute Fahrstraße nach dem unter dem Krannich befindlichen Holzhofe, woselbst nächst dem, für die Festungsbewohner nötigen Brennholze zwei Schuppen zu Aufbewahrung der Pulverwagen etc. und die nur des Nachts benutzte Holzhofswache stehen. Durch eine Schildwache wird dieser Raum stets beaufsichtigt. Von da gelangt man an die erste Befestigung, den sogenannten spanischen Reiter, welcher selbst, von Holz konstruiert, jetzt nicht mehr vorhanden ist. Hinter diesem befindet sich über dem Graben eine Aufzugsbrücke – die rote Brücke genannt, nach deren Überschreitung man in die äußern Festungswerke gelangt, die sich von Süden nach Norden erstrecken. Ein von zwei zu zwei Stunden abzulösender Infanterist bewacht diesen ersten Befestigungsposten. Von hier führt eine breite Fahrstraße nach der ersten Appareille. Links von ersterer steht eine Pappelreihe, welche den Weg beschattet, zur Rechten, am Fuße des Horns, steht das erste Gebäude innerhalb der Festungswerke, nämlich die jetzt unbenutzte Hornwache, die im Beginn des 17. Jahrhunderts erbaut worden ist. Bei dieser hebt die erste von einer Pappelreihe und einer Reihe junger Tannen linkerseits verdeckte Appareille an, welche früher durch ein hölzernes Tor, von dessen Bestehen noch jetzt die Spuren rechts im Felsen und im felsigen Boden zu sehen sind, geschützt wurde. Nach Ersteigung dieser steht man vor dem mit Eisen beschlagenen Haupttore, welches außen noch besonders durch einen eisernen spanischen Reiter verwahrt ist. Hier wird der Ankommende von einem im Innern des Tors wachthaltenden Soldat, durch ein kaum das Gesicht blicken lassendes Schubfensterchen, angerufen und vom Torwachtkommandanten um Namen, Stand, Heimat und Ursache des Einlasses in die Festung befragt, worauf dieser als Wachkommandant fungierende Unteroffizier dem Gefreiten der Hauptwache auf der Festung zuruft, welcher die Meldung dem Festungskommandanten überbringt und baldigst die Erlaubnis zum Einpassieren oder die Abweisung des Einlaßbegehrenden durch ein Kasemattenfenster herabruft.«

Rote Brücke, zunächst Holz-, dann Zug-, später Wippbrücke, Aufn. 2014

Der weitere Weg führte durch die 1590 erbaute Torwacht, über einen halbkreisförmigen Graben, eine zweite Aufzugsbrücke, durch ein zweites und drittes Tor, worüber sich die innere Festungsbastion befindet, dann über eine lange hölzerne Brücke hinauf, über eine letzte Aufzugsbrücke zum vierten Tor in die finstere Appareille, worin sich in der Mitte ein fünftes Tor befindet, »hinter welchem ein sechstes durch Fallpalisaden (1792 erbaut) gebildet wird, welche mittelst starker eiserner Ketten an eine drehbare Welle in der Höhe befestigt sind.«

Heute wird man durch einen modernen Personenaufzug im Inneren des Felsens oder durch den außen an die Felswand angebauten Panoramaaufzug in die Höhe befördert.

Bei einem Rundgang über das 9,5 Hektar große Festungsplateau innerhalb der Festungsmauern hat man bei schönem Wetter einen phantastischen Ausblick in das Osterzgebirge, in die Böhmische Schweiz, die Sächsische Schweiz und in das gewundene Elbtal bis nach Dresden. Jeder Reiseführer kommt ins Schwärmen, wenn er von hier aus auf die Naturschönheiten hinweist. Der Dresdner Archivar Brichzin beschrieb dies 1993 mit den so einprägsamen Worten: »Über dem tief eingeschnittenen, stark geschwungenen Elbtal mit kleinen Städtchen und Ferienorten am Strom erheben sich sanft geneigte, lichtüberflutete Ebenheiten mit Feldern, Wiesen und Wäldern, in die alte, anheimelnde Dörfer mit noch vielen Fachwerkhäusern eingebettet sind. Über sie hinweg ragen schroffe, markante Felsmassive und Tafelberge mit senkrechten Wänden, Gipfeln und schlanken Säulen, die plötzlich senkrecht oder terrassenförmig in stille Waldtäler und tiefe, enge und dunkle Schluchten abfallen ... Überraschend wirkt der schnelle, wenn auch immer steile Übergang aus engen Gründen zur unmittelbaren Weite. Von Randebenen, Plateaus und Gipfeln öffnen sich großartige Fernsichten über das Land, oft vermischt mit dem Schauer vor tiefen Abgründen über senkrechten oder gar überhängenden Felswänden.« Diese einmalige, unverwechselbare, vom Menschen angenommene und für seine Lebensbedürfnisse von ihm gestaltete Kulturlandschaft ist ganz eng mit dem Sachsenland verbunden. Spricht man von der Sächsischen Schweiz, dann denkt man unwillkürlich an die Festung Königstein. Hier in der Region zwischen Böhmen und Meißen befindet man sich an einem Brennpunkt mitteleuropäischer Geschichte.

Panoramaaufzug an der Südwestseite des Königsteins, Aufn. 2013

Wer weiß aber schon, dass die Sächsische Schweiz und der Königstein sowie Teile des Osterzgebirges über Jahrhunderte hin einst zum Königreich Böhmen gehörten?

Grenzraum zwischen Böhmen und Meißen

Seit Jahrtausenden, sei es in der Frühsteinzeit, der Bronzezeit, der Völkerwanderungszeit oder im Mittelalter, war das Elbtal einer der Wanderwege für aus Südosteuorpa nach Nordwesten ziehende unterschiedliche Völkergruppen. Das gilt auch für die seit dem 6. Jahrhundert aus dem mährischen Raum nach Nordwesten vordringenden slawischen Stämme. Die in der Elbtalweitung zwischen Pirna und Gauernitz siedelnden Slawen bildeten den Gau Nisan. Sie wurden im 10. Jahrhundert der deutschen Herrschaft unter König Heinrich I. und seinem Sohn Kaiser Otto I. unterworfen und ihr Lebensraum so Teil der Ostmark und des Bistums Meißen. Die südlich davon im Elbsandsteingebirge ansässig gewordenen Slawen gehörten herrschaftlich zum Herzogtum Böhmen. Um 1000 gab es einen bewaldeten, recht dünn besiedelten Grenzraum, der in viele kleine Herrschaften gegliedert war. Der böhmische König und der Markgraf von Meißen sowie von ihnen lehnsabhängige Adelige kämpften mit wechselndem Erfolg um Besitz und Vormachtstellung in dieser Grenzregion. Bis zum Beginn des 15. Jahrhunderts gehörte dieses Grenzland, das mit der Burggrafschaft Dohna bis zur Müglitz und zum Lockwitzbach auf linkselbischer Seite reichte, wenn auch zeitweise umstritten, lehnsrechtlich zum Königreich Böhmen.

Der Königstein als ein wichtiger strategischer Punkt dieser Grenzregion dürfte schon frühzeitig mit einer slawischen Burganlage versehen gewesen sein. Als in der zweiten Hälfte des 12. Jahrhunderts die deutsche bäuerliche Rode- und Siedelbewegung in dieses Gebiet vordrang, entstanden neben den slawischen Siedlungen und Burganlagen deutsche Waldhufendörfer, Herrensitze als Zentren sich entwickelnder Grundherrschaften und Burgen. Wehlen, Königstein, Hohnstein, Rathen, Wildenstein und Lilienstein waren solche kleinen Herrschaften.

Das Elbsandsteingebirge als eine nicht nur geographische, sondern über viele Jahrhunderte hin auch oberherrschaftliche Einheit, liegt heute als Böhmische Schweiz und Sächsische Schweiz in zwei Staatsgebieten. Doch unter den staatsrechtlichen Bedingungen der Europäischen Union wird die Region um den Königstein allmählich ihren Charakter als Grenzland verlieren.

Die Oberlausitzer Grenzurkunde von 1241 mit dem Wortlaut »in lapide regis« (Gegeben auf dem Stein des Königs)

Im Frühjahr 1241 hatten mongolische Reiterkrieger unter Führung von Batu Khan, einem Enkel von Dschingis Khan, die polnische Westgrenze erreicht. Ihnen stellte sich unter Herzog Heinrich von Schlesien bei Liegnitz ein Heeresaufgebot von etwa 30 000 deutschen und polnischen Rittern entgegen. Die Schlacht am 9. April 1241 endete zwar mit einer Niederlage für das deutsch-polnische Heer, aber auch für die Mongolen war der Sieg so verlustreich, dass sie nach Süden auswichen.

Dort hatte ein Reiterheer unter König Wenzel I. von Böhmen die Glatzer Pässe blockiert, bei Olmütz operierte ein Ritteraufgebot unter Jaroslaw von Sternberg und am Wiener Wald sicherte ein Kreuzzugsheer unter König Konrad die Reichsgrenze. König Wenzel hatte dafür schnelle militärische Hilfe durch den Bischof von Meißen und markmeißnische Adelige erhalten. Das Mongolenheer musste sich deshalb nach Ungarn zurückziehen. Dies war das Ende der Bedrohung des Reiches durch das mongolische Weltreich.

Diese geschichtlichen Ereignisse bildeten den Hintergrund für eine Zusammenkunft von König Wenzel I., dem Askanier Herzog Albrecht von Sachsen-Wittenberg sowie dem Wettiner Graf Dietrich von Brehna, um die bereits 1223 abgesprochene Grenze zwischen dem Königreich Böhmen und dem Bistum Meißen in den Gauen Nisani und Milsna vertraglich zu besiegeln. Das Treffen fand auf dem Königstein statt. Mit der am 7. Mai 1241 ausgestellten Urkunde »in lapide regis«, der sogenannten »Oberlausitzer Grenzurkunde«, tritt der Königstein in den Gesichtskreis gesicherter schriftlicher Überlieferung. Die urkundliche Ersterwähnung als »Stein des Königs« – späterhin wird das Felsmassiv immer wieder als »Stayn« und 1336 erstmals als »Chunigstein« bezeichnet – lässt den Schluss zu, dass er fest in der Hand der böhmischen Könige war.

Von der Königsburg, über deren Aussehen wir keine Kenntnis haben, wurde 1902 in 18 m Tiefe an der westlichen alten Außenmauer eine kleine Pforte entdeckt. Sie gehörte vermutlich zum alleinigen Zugang auf den Königstein, bis dieser zum Ende des 16. Jahrhunderts auf die Westseite des Berges verlegt wurde. Dabei ist diese Pforte (s. Abb. S. 16) möglicherweise in die innere Wallmauer eingebaut und zugesetzt worden.

Über das Aussehen der Burganlage, die im 14. Jahrhundert als »Kaiserburg« bezeichnet wurde, da sie vermutlich Kaiser Karl IV. errichten ließ, gibt es keine konkreten Nachrichten. Richard Vogel (gest. 1955) als einer der besten Kenner der Sächsischen Schweiz beschrieb die mittelalterliche Burganlage so: »Auf dem nordwestlichen Vorsprung der Platte erhob sich der stattlichste Steinbau der ›Veste‹, die Kaiserburg. Über ihre äußere und innere Ausgestaltung wissen wir nichts. Eine Brücke über den Graben hinweg verband sie mit dem geschlossenen Plateau. Gleich neben der Schlucht war das ›Berghaus‹ errichtet worden, in dem wohl der Burgvogt wohnte. Kaiserburg und Berghaus waren durch einen Bohlenweg und eine Brücke über die Schlucht miteinander verbunden. Von einem Brauhaus und der St. Georgskapelle berichten die Pläne. Auf ihren Grundmauern sind später die Magdalenenburg und die Kirche errichtet worden.«

Es waren vom böhmischen König eingesetzte Burggrafen, die Burg und Pflege Königstein verwalteten. Einige von ihnen kennt man mit Namen, denn sie treten als Urkundenzeugen auf, so 1285 Benesch von Kostomlat und 1289 Ramfeld von Nymann. Dies ist bis zum Ende der Regierungszeit von Kaiser Karl IV. der Fall. Der Kaiser selbst hielt sich nachweislich im August 1359 für zwei Wochen auf dem Königstein auf. Er betrachtete ihn als eine wichtige Grenzfeste des Königreiches Böhmen, dies auch in Anbetracht seiner territorialen Ausdehnungspolitik mit dem Erwerb der Oberlausitz, 1363 der Niederlausitz und der Inbesitznahme der Markgrafschaft Brandenburg mit der Kurmark. Tangermünde an der Elbe baute er nach Prager Vorbild zu einer Nebenresidenz aus. Diese Politik endete unter seinem Sohn Wenzel IV., der bereits zwei Jahre nach Karls IV. Tod 1379 den Königstein an seinen Kammermeister und Hauptmann von Breslau Thimo von Colditz verpfändete. Zwar löste Wenzel diese Pfandschaft 1391 wieder ein, gab den Königstein aber 1398 als Pfandobjekt gegen 10000 Schock Groschen an Burkhard Strnad von Janowitz.

Der Wettiner Markgraf Wilhelm I. von Meißen konnte schließlich das jahrhundertelange Ringen um den waldreichen Grenzraum an der oberen Elbe zu seinen Gunsten entscheiden. Seine Bemühungen um den Ausbau der wettinischen Landesherrschaft und um das Zurückdrängen des böhmischen Einflusses in der Markgrafschaft Meißen waren von Erfolg gekrönt. Die Herren von Schönburg traten im Jahre 1390 in markmeißnische Dienste. Die als böhmisches Lehen fungierende Herrschaft Eilenburg wurde 1394/1395 und die Herrschaft Colditz 1404 wiederkäuflich erworben. 1397 hatte König Wenzel IV. Mühlberg an Wilhelm I. verpfändet und 1398 erwarb der Meißner Markgraf wiederkäuflich sogar die Herrschaft Riesenburg mit Kloster Ossegg und Dux im Königreich Böhmen.

Für die Inbesitznahme des Königsteins und weiterer Teile des Elbsandsteingebirges nutzte Markgraf Wilhelm zielgerichtet die »Dohnaische Fehde«. Sie hatte wohl 1385 auf dem

Dresdner Rathaus mit dem sogenannten »Adelstanz zu Dresden« begonnen. Markgraf Wilhelm hatte, wie schon so oft, zu einem höfischen Tanzvergnügen auf den Saal des Dresdner Rathauses geladen. Dieser Einladung waren viele junge Adelige der Umgebung gefolgt, darunter auch der junge Jeschke I. von Dohna. Er war böhmischer Burggraf auf dem Königstein. Die mündliche Tradition weiß nun zu berichten, dass die anmutige Gemahlin des Ritters Rützschel von Körbis auf Meusegast die Aufmerksamkeit des jungen Burggrafen erregte, er sie zum Tanz aufforderte und dann in ausbrechender Leidenschaft seine schöne Tänzerin, alles um sich herum vergessend, wie vertraut liebkoste. Dieses ungebührliche Benehmen ahndete der Ehemann: »Es war einer von Korbs, der schlugk dem jungen her Jeschken ein beyn under uff dem tantzhause zu Dresden, do slugk her Jeschko Korbs uffs maul.« Die dadurch verursachte Aufregung auf dem Tanzsaal konnte der anwesende Markgraf zwar beruhigen, die daraus entstehende Privatfehde mit gegenseitiger Belagerung der Wohnstätten, Entführungen und letztlich auch Mord aber nicht.

Grabplatte von Markgraf Wilhelm I. von Meißen im Meißner Dom

Für Markgraf Wilhelm I. wurde es ein willkommener Anlass, um gegen die Dohnaer Burggrafen militärisch vorzugehen. Nachdem er sich 1399 auf dem Forchheimer Fürstentag gegen König Wenzel IV. gestellt hatte, unternahm er zur Unterstützung der böhmisch-mährischen Adelsopposition gegen Wenzel sowie zur Hilfe für den Gegenkönig Ruprecht von der Pfalz (1352–1410) mit etwa 3000 bis 4000 Reitern einen Kriegszug nach Prag und belagerte im August 1401 gemeinsam mit einem böhmisch-mährischen Heer unter Markgraf Jobst von Mähren (1354–1411) die Stadt. Am 12. August 1401 wurde die Belagerung Prags abgebrochen, und Markgraf Wilhelm konnte nach der Rückkehr in sein Herrschaftsgebiet den Kampf gegen die Burggrafen von Dohna erneut aufnehmen. Unter dem Vorwand, gegen die Landfriedensbrecher Burggraf Jeschke von Dohna und dessen Brüder vorgehen zu müssen, belagerte der Meißner Markgraf ab Spätsommer 1401 die Burg Dohna, die nach knapp einem Jahr am 19. Juni 1402 eingenommen wurde. Jeschke konnte auf seine Burg Weesenstein und von da auf den Königstein fliehen, von wo aus er sich schließlich zu Sigismund, König von Ungarn, nach Ofen (Budapest) begab und dort im Dezember 1403 als Landfriedensbrecher enthauptet wurde.

Markgraf Wilhelm I. gliederte nunmehr die Burggrafschaft Dohna ebenso in das wettinische Territorium ein, wie er bestrebt war, sein Herrschaftsgebiet auf Kosten des Königreiches Böhmen weiter auszudehnen. Er führte die Fehde gegen die Anhänger des Dohnaer Burggrafen weiter, die sich auf dem Königstein verschanzt hatten, ließ die Feste durch ein Militärkontingent unter dem Befehl von Hugold von Schleinitz und Günter dem Älteren von Bünau belagern und nahm nach der Kapitulation der ausgehungerten Festungsmannschaft Mitte März 1406 den Königstein in Besitz. Noch einmal eroberten böhmische Truppen den Königstein zurück, bevor 1408 Markgraf Friedrich IV. von Meißen unter großer militärischer Anstrengung Feste und Pflege Königstein dauerhaft in wettinischen Besitz brachte. Gegen alle böhmischen Rückgabeforderungen wussten sich die Wettiner zu wehren, über die hussitischen Kriegszüge hinweg und auch gegen König Georg Podiebrad von Böhmen. Das wurde schließlich im Vertrag von Eger 1459 festgeschrieben. Der Königstein blieb unter böhmischer Lehnshoheit in wettinischem Besitz. Erst mit der endgültigen Auflösung des Heiligen Römischen Reiches deutscher Nation 1806 erlosch diese böhmische Lehnshoheit. Weder die damaligen Bewohner des Königsteins noch die Menschen in Sachsen haben dies besonders wahrgenommen.

Im Laufe des 15. Jahrhunderts haben die sächsischen Kurfürsten den Königstein immer wieder an adlige Familien verpfändet oder verlehnt, bis dann an der Wende vom 15. zum 16. Jahrhundert Herzog Georg das Königsteiner Gebiet mit der Feste in die eigene landesherrliche Verwaltung nahm. Aus der Pflege Königstein mit der Feste wurde das Amt Königstein, das zu Beginn des 16. Jahrhunderts in das Amt Pirna, das seit 1404 ebenfalls zur Markgrafschaft Meißen gehörte, eingegliedert wurde. Damit begann für den Königstein ein neuer Abschnitt seiner Geschichte. Er wuchs im Laufe der nächsten Jahrhunderte zu einem Monument sächsischer Geschichte, das er bis heute geblieben ist. Es ist Vergangenheit, die lebt und bewahrt wird und die mit mancher Erzählung verbunden ist.

Heute unzugängliche Pforte unter den Kasematten, wegen ihres einstigen Zugangs zum Kloster auch Klosterpforte genannt

Bei der Leipziger Teilung kam der Königstein zum albertinischen Herzogtum Sachsen. Als nach dem Tod von Herzog Albrecht 1500 dessen ältester Sohn Georg die Regentschaft übernahm, erlebte die Feste wieder größere Aufmerksamkeit. Da sie Herzog Georg nicht ständig militärisch nutzen wollte, hatte er den Plan gefasst, ein Kloster zu stiften. Das war am beginnenden 16. Jahrhundert, das schon von Renaissance und humanistischem Gedankengut geprägt war, etwas Außergewöhnliches. Georg wollte, von seiner Mutter Sidonia (Zdena), Tochter des hussitisch gesinnten und von der römischen Kurie gebannten böhmischen Königs Georg Podiebrad, streng im christlichen Glauben erzogen und eigentlich für den geistlichen Berufsstand vorgesehen, ein »gutes Werk« tun. Es sollte ein Cölestiner-Kloster werden, ein nach den Regeln der Benediktiner lebender Orden, dessen Regeln 1274 von Papst Gregor X. bestätigt worden waren und der sich, als der Ordensgründer Petrus de Morrone 1294 Papst Cölestin V. geworden war, nach diesem Papst benannte. Die in eine Kutte aus himmelblauer Farbe ohne Kappe gekleideten Mönche hatten ihren Hauptsitz auf dem Berg Morrone bei Salmona in den Abruzzen. Der für seine Gelehrsamkeit, seine humanistische Geisteshaltung und einen unbescholtenen Lebenswandel bekannte Orden hatte bereits ein von Kaiser Karl IV. gegründetes Kloster auf dem Oybin. Nun wollte Herzog Georg ein solches Kloster auch in seinem Herzogtum einrichten. 1505 versuchte er, Cölestinermönche aus Mailand auf dem Königstein anzusiedeln. Dies scheiterte jedoch, da die Mönche nicht nach Sachsen kamen.

Zehn Jahre später nahm Herzog Georg einen neuen Anlauf und gründete das »Kloster des Lobes der Wunder Mariä«. Ab Herbst 1515 wurde mit den Planungen begonnen, und am 13. Juli 1516 legte der Herzog persönlich in Anwesenheit seiner Frau Barbara sowie seiner Söhne Johann und Friedrich den Grundstein zu den Klostergebäuden. Am 8. Dezember 1516 zogen zwölf Cölestinermönche unter einem Prior vom Oybin auf den Königstein. Herzog Georg hatte dem Kloster Einnahmen in Höhe von 532 Talern 3 Groschen aus dem Amt Pirna und den ehemaligen Vorwerken der Burggrafen von Dohna in Dohna, Sedlitz und Heidenau zugewiesen, dazu Naturallieferungen an Getreide sowie Brennholz. Doch das Kloster hatte keinen langen Bestand. Die Königsteiner Mönche standen in brieflicher Verbindung mit Martin Luther in Wittenberg. Dessen reformatorische Gedanken hatten eine so starke Anziehungskraft, dass 1523 der Mönch Urban Kaiser ohne Genehmigung seines Ordens nach Wittenberg ging und ihm im Oktober 1523 der Prior des Klosters Johannes Mantel folgte. Beide wurden «lutherisch« und letzterer soll 1525 geheiratet haben. Noch im Dezember 1523 verließen weitere sieben Mönche heimlich das Kloster, sodass am 3. Mai 1524 nur noch drei Mönche auf dem Königstein waren. Schließlich gingen zwei von ihnen zu ihren Verwandten nach Senftenberg zurück. Tief enttäuscht schloss Herzog Georg das Kloster im Sommer 1524. Die dem Kloster verschriebenen Einkünfte zog der Herzog ein und überwies sie 1536 dem Jakobihospital in Dresden. Nach einer mündlichen Überlieferung soll Bischof Johann VI. von Meißen bei der Stiftung des Königsteiner Klosters und des Annaberger Franziskanerklosters geäußert haben: »Die Annabergischen werde der Hüttenrauch, die Königsteiner aber die rauhe ›böhmische Luft‹ / die in Böhmen verbreitete hussitische Lehre / nicht alt werden lassen.«

Herzog Georg, Holzschnitt vor 1534, Lucas Cranach d. Ä. zugeschrieben

Nach Schließung des Klosters übten Forstbeamte die Aufsicht über den Königstein aus, bis Georgs Bruder und Nachfolger Herzog Heinrich 1539 erneut den Königstein mit einem Hauptmann und einer kleinen Besatzung versah. In den Wirren des Schmalkaldischen Krieges und danach hatte der Königstein unter Heinrichs Sohn Kurfürst Moritz keine Bedeutung.

Erst in der Regierungszeit von Kurfürst August wurde dem Felsen wieder Aufmerksamkeit geschenkt. 1556 ließ August einen Stall aufführen. Einige Jahre später wurde der Brunnenbau in Angriff genommen, denn bis dahin hatte man das Trinkwasser von außerhalb der »Veste« mit Eimern nach oben getragen und in einer Zisterne bevorratet. Unter Leitung des Freiberger Bergmeisters Martin Planer begannen Marienberger Bergleute 1563 mit der Abteufung eines Brunnenschachtes an der höchsten Stelle innerhalb der Bebauung, um vom Brunnen aus das Wasser ohne Probleme in die Gebäude leiten zu können. Als man eine Tiefe von knapp 126 Metern erreicht hatte, zeigte sich erstes Trinkwasser. Bei 139 Metern wurden zwei waagerechte Strecken in den Berg getrieben, aus denen das Wasser reichlich floss. Dann teufte man den Brunnenschacht noch

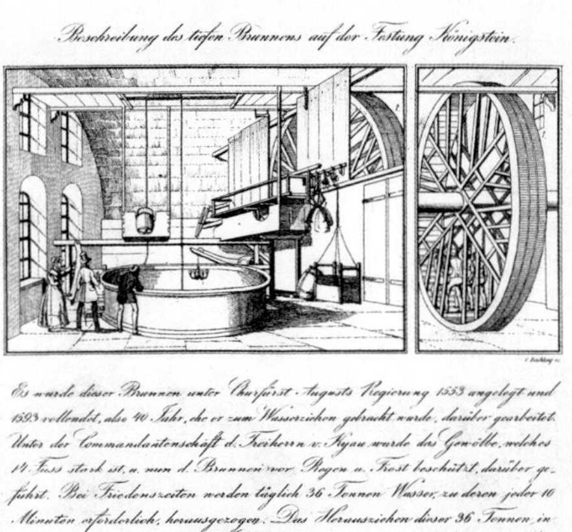

Beschreibung des tiefen Brunnens auf der Festung Königstein, Kupferstich von Carl Beichling, um 1840

weitere zwölf Meter ab und schuf damit einen ständigen Wasserstand zwischen neun und zwölf Metern. Dies war Anfang Mai 1569 erreicht, worüber Planer seinem Kurfürsten berichtete, der daraufhin an seinen Bergmeister unter dem 12. Mai 1569 schrieb: »So sein wir zufrieden und wollen den bronnen im nahmen Gottes also bleiben lassen.« Um das Wasser nach oben zu bringen, ließ Planer ein durch Göpelförderung mit Rad, Seil und Eimer arbeitendes Wasserhebewerk bauen. Ein gleicher Brunnenbau war zwischen 1563 und 1567 auf der Augustusburg verwirklicht worden. Der Göpel wurde bald durch ein Tretrad ersetzt, mit dem jeweils sechs Fronpflichtige, später Soldaten das Wasser »hochtraten«. Im 19. Jahrhundert ist an seine Stelle eine Dampfmaschine getreten, die im 20. Jahrhundert durch einen Elektromotor abgelöst wurde. Fünfeinhalb Sekunden braucht in den Brunnen geschüttetes Wasser, bis es auf dem Wasserspiegel aufschlägt. Diese Attraktion wird den Festungsbesuchern noch heute vorgeführt. Dazu geht man in das Brunnenhaus, das Matthäus Daniel Pöppelmann 1716 baute und das von Jean de Bodt 1735 erneuert wurde. Er hatte für die damalige Zeit ein bombenfestes Haus errichtet, das Granatenbeschuss standhalten würde. Dazu kam es aber nie.

Das von Pöppelmann erbaute Brunnenhaus, Kupferstich von Johann Georg Pinz/Martin Engelbrecht, 1734

Noch während des Brunnenbaus ließ Kurfürst August von seinem Baumeister Paul Vogel und von Petrus Ferrabosco, einem italienischen Architekten im Dienst Kaiser Maximilians II., ein Gutachten anfertigen mit dem Ziel, den Königstein zu einer Hauptfestung seines Kurfürstentums auszubauen. In ihrem Bericht vom 7. September 1567 schlugen beide u.a. vor, eine starke Wehr am Tor und eine Zugbrücke zu bauen, die Klüfte mit Mauern und Schwibbögen zu vermauern, rund um den Fels eine Brustwehr anzulegen, Kasernen, Stallungen, Proviantkeller zu errichten, aber auch einen Lustgarten und ein Lusthaus anzulegen. Der Bericht endet mit der festen Überzeugung, dass nach Verwirklichung all dieser Vorschläge eine Festung entstehen würde, die uneinnehmbar ist. Dies ist unter Beachtung der damaligen Waffen- und Kriegstechnik dann tatsächlich eingetreten, denn Augusts Sohn und Nachfolger Kurfürst Christian I. begann ab 1587 mit der Realisierung dieser Pläne. Beyrichs Chronik berichtet: »Er baute nun aber nicht allein das fertig, was sein Vater begonnen und angelegt, sondern er ließ es sich selbst sehr angelegen um den übrigen Ausbau des Königsteins sein. So wurden die Schluchten ausgefüllt, die Spalten mit Mauerwerk verschlossen und an mehreren Stellen,

Christian I. von Sachsen
Ölgemälde, Zeit und Künstler unbekannt

wo die Natur Lücken gelassen, wurden oft mehrere Stockwerke hohe Mauern, fast am Fuße des Felsens beginnend und an manchen Stellen 40 Fuß stark, aufgeführt, wie dies namentlich an der Südwestseite deutlich zu ersehen ist. Darüber wurden von Norden bis Süden die Kasematten angelegt, auf der Süd- und Ostseite Bögen gewölbt, der ganze Felsen geebnet und mit einer für ewige Zeiten dauernden steinernen Brustwehr umgeben.« Von 1589 bis 1592 entstanden unter der Leitung von Paul Buchner und Hans Irmisch das große Torhaus an der Westseite als das Hauptgebäude der Festung, die Streichwehr als Verbindung zur Georgenburg (der ehemaligen Kaiserburg), die alte Kaserne und die Christiansburg (heute Friedrichsburg). 216 Handwerker und 289 Fronarbeiter bewältigten bis 1592 die bis dahin größten Bauvorhaben auf der Festung.

Unter den albertinischen Wettinern wurden im Grunde bis zum Ende des 19. Jahrhunderts weitere Festungsanlagen, Kasematten und Gebäude errichtet. Von Kurfürst Christian II. über Johann Georg I., Friedrich August I. und Administrator Xaver bis zu König Albert haben alle mit ihren weithin bekannten Baumeistern Paul Buchner, Wolf Caspar von Klengel, Matthäus Daniel Pöppelmann, Jean de Bodt, Johann Georg Maximilian von Fürstenhoff und von Scheibner das heutige Aussehen der Festung geprägt. Neben Kasernen, Kasematten, Pulvermagazinen und Wachtürmen sind die Georgenburg, die Magdalenenburg, die Friedrichsburg und die Garnisonskirche die wohl markantesten Gebäude des Königsteins.

Die mittelalterliche Kaiserburg wurde unter Johann Georg I. von einem spätgotischen zu einem Renaissancegebäude umgestaltet und als Johann-Georgenburg in den Tagen vom 27. bis 31. Juli 1619 vom Kurfürsten in Anwesenheit seiner Familie, des Hofes und des Oberhofpredigers Hoe von Hoenegg festlich eingeweiht. Laut mündlicher Überlieferung soll es ein prachtvolles Gebäude gewesen sein. Das änderte sich aber bald. Die Johann-Georgenburg wurde zunehmend zur Unterbringung von Staatsgefangenen genutzt und dazu immer wieder im Inneren umgebaut, sodass Beyrich in seiner Chronik 1842 schrieb: »Die Gewalt der Zeit aber überlieferte diese erhabene und prächtige Burg einer grellen Umwandlung, denn wo früher Malereien und Amoretten und Rosenketten zu schauen waren, da sieht man jetzt Halsringe und Eisenbanden und diese sowohl als die fauststarken, unzerbrechlichen Eisengitter

Johann-Georgenburg, Kupferstich von Johann Georg Pinz / Martin Engelbrecht (Ausschnitt), 1734

vor den Fenstern deuten genugsam an, daß innerhalb ihrer Mauern Frohsinn und Wohlleben keine Rosenbanden mehr flechten.« Die Gefängniszellen für »Staatsverbrecher jedweder Art und jeglichen Grades« befanden sich im ersten und zweiten Stock dieses Gebäudes. Der Wachtmeister und der Bauschreiberassistent sowie der Garnisonspfarrer hatten ebenfalls darin ihre Wohnung. Mit dieser Zweckbestimmung verleiht die Georgenburg der Festung noch immer den Charakter einer Zwingburg, hinter deren Mauern traurige menschliche Schicksale verborgen sind.

Eine besondere Attraktion war das 1621 bis 1622 errichtete Provianthaus, das 1676 anlässlich der Weihung der evangelischen Garnisonskirche in Anwesenheit von Kurfürst Johann Georg II. zur Ehrung seiner Frau Magdalena Sybilla von Brandenburg-Bayreuth in Magdalenenburg umbenannt wurde. Unter dem Gebäude waren zwei in den Felsen geschlagene Keller vorhanden, in denen der Kurfürst 1624 ein großes Weinfass mit einem Fassungsvermögen von 1450 Hektolitern einbauen ließ. Nach 50 Jahren wurde es 1678 bis 1680 erneuert und dabei vergrößert, sodass es nunmehr 2235 Hektoliter Wein fasste. Auf dem Fass hatte man eine Galerie gebaut, die über eine Wendeltreppe erreichbar war. Auch dieses weithin gerühmte Fass, dessen Holz aus der Görlitzer Heide geholt

Ansicht der Magdalenenburg, Kupferstich von Johann Georg Pinz/Martin Engelbrecht, 1734

worden war, hielt 50 Jahre. Dann ließ August der Starke von seinem Oberlandbaumeister Pöppelmann von 1722 bis 1725 ein noch größeres Weinfass mit je einer Treppe an den Schmalseiten des Kellerraumes bauen. Je ein Böttcher aus Straßburg im Elsaß, Zweibrücken, Zürich und vom Königstein schufen es für 2386 Hektoliter Wein. Damit war es um 261 Hektoliter größer als das ebenso berühmte Heidelberger Weinfass. August der Starke strebte eben auch in diesem Fall nach dem Größten. Nach einer Probefüllung mit Wasser wurde es Ende September 1725 für 13451 Taler mit sächsischem Landwein gefüllt. Da das Fass als Filiale der Dresdner Zeughauskellerei vor allem für Besucher gebaut war, wurde es von September 1737 bis Dezember 1738 geleert und der Wein verkauft. Neu aufgefüllt, war das Fass 1770 wieder ruinös, musste geleert werden und blieb dann leer. 1819 wurde es abgerissen. Geblieben sind von dieser Weltberühmtheit die Silber- und Glaspokale, die in den Staatlichen Kunstsammlungen Dresden aufbewahrt werden, sowie Abbildungen in Kupferstichen und das riesenhafte Kellergewölbe auf der Festung.

Geblieben ist des Weiteren die Erinnerung an Generalleutnant Friedrich Wilhelm Freiherr von Kyaw, der auf eigenen Wunsch Festungskommandant seit 1715 bis zu seinem Tod am 19. Januar 1733 war und in dessen Kommandantschaft das dritte Weinfass gebaut wurde. Auch darüber wusste der Chronist Ludwig Beyrich einhundert Jahre später zu berichten: »Wie seit seiner Begründung blieb der Königstein stets ein

Das Riesenweinfass, Kupferstich von L. Zucchi nach einer Zeichnung von Matthäus Daniel Pöppelmann, 1725

Lieblingsort seiner Regenten und mancher festliche Tag ging in den grauen Mauern zu Ende, zumal unter der Commandantur des weidlich berühmten Generalleutnant von Kyaw, der sich die Festungsschlüssel als eine besondere Gnade von seinem Kurfürsten ausbat, welche er dann auch 18 Jahre hindurch zur Belustigung aller Anekdotenfreunde führte, während welcher Zeit ihm sein Kurfürst, der lebensfrohe und tapfre August der Starke sehr häufig besuchte und Schauspiele, Bälle, Illuminationen und Feuerwerke, namentlich aber Trinkgelage in Menge abgehalten wurden.«

Gleiche Berühmtheit erlangte die Christiansburg, ein auf einem an der Nordseite vorstehenden Felsen errichteter Beobachtungs- und Flankierungsturm, der als Lusthaus zu Festen genutzt wurde. Am 10. Mai 1589 legte Kurfürst Christian I. den Grundstein für das Bauwerk. Sein Kanzler Nikolaus Krell war mit dabei, nicht ahnend, dass er bald als Gefangener auf dem Königstein würde leben müssen. Immer wenn sich der Landesherr auf dem Königstein aufhielt, wurde in der Christiansburg getafelt, getrunken und gefeiert. Dort gab es beispielsweise am 12. August 1675 für den englischen Gesandten William Swan, der zur Übergabe des Hosenbandordens an Johann Georg II. in Dresden weilte, ein Festessen.

Besonders gern hielt sich Kurfürst Friedrich August I. an diesem Ort auf. Er war es auch, der sich mit Schlossbauplänen auf dem Königstein befasste, die allerdings nicht realisiert wurden. Lediglich die Christiansburg wurde zu einem barocken

Christiansburg, später Friedrichsburg, Kupferstich von Johann Georg Pinz/Martin Engelbrecht, 1734

Pavillon umgestaltet, die doppelte zweiarmige Freitreppe angebaut, der Saal im Obergeschoss mit Spiegeln versehen und ein »Tischlein deck dich« eingebaut: eine Maschinentafel, die im Erdgeschoss gedeckt und mittels eines Hebewerkes in den Saal im Obergeschoss befördert wurde. Als Preußens König Friedrich Wilhelm I. mit seinem Sohn Friedrich, dem späteren Friedrich II. (dem Großen), im Januar 1728 als Gast Augusts des Starken auf der Festung weilte und man in der Christiansburg bei Tabak und Wein zusammensaß, da gab es dieses Wunderwerk noch nicht. Der Umbau geschah in den Jahren 1729 bis 1731, danach erhielt das Gebäude den Namen »Friedrichsburg«. Lange konnte man sich daran nicht erfreuen. Am 19. Juli 1744 gegen 22 Uhr schlug bei einem heftigen Gewitter der Blitz in die Dachhaube ein und setzte das Gebäude in Brand, »wodurch die kostbaren Spiegelwerke und die Maschinentafel gänzlich zerstört wurden und Stadt und Festung Königstein in großer Furcht waren wegen der nahen Pulvertürme«. Erst 1768 erfolgte die Erneuerung der Friedrichsburg, aber nur in einfacher Form und ohne Maschinentafel. Seit 1839 war sie die Örtlichkeit für gesellige Zusammenkünfte der Festungsoffiziere und der höheren Festungsbeamten.

Kirche und Kellerei, Kupferstich von Johann Georg Pinz/Martin Engelbrecht, 1734

Gottesdienst wurde auf der Festung auch gehalten. Dazu diente eine mittelalterliche Burgkapelle, die später zur Klosterkirche erweitert worden ist. In den Jahrzehnten nach Einführung der Reformation im albertinischen Herzogtum Sachsen 1539 scheint die Kirche wenig benutzt worden zu sein. Sie war wohl auch baufällig, denn der vom Pfarrer der Stadtkirche von Königstein im 17. Jahrhundert gehaltene evangelische Gottesdienst fand immer donnerstags in einem Raum der Georgenburg statt. Nach dem Ende des Dreißigjährigen Krieges ließ Kurfürst Johann Georg I. die Kirche reparieren, das Dach in Ordnung bringen, Knopf, Kreuz und Fahne auf den kleinen Kirchturm setzen. Am 11. Dezember 1651 wurde darin der erste Gottesdienst gefeiert. Aber erst Kurfürst Johann Georg II. veranlasste den Ausbau der Kapelle, ließ eine Sakristei anbauen und den Glockenturm errichten. 1670 wurde die Festungsgemeinde aus der städtischen Parochie ausgepfarrt und erstmals ein Garnisonsprediger angestellt. Am 19. Sonntag nach Trinitatis des Jahres 1676 erfolgte die Weihe der Kirche als Sankt-Georgskapelle in Anwesenheit des Kurfürsten und des gesamten Hofstaates. Die Predigt hielt Oberhofprediger Dr. Martin Geyer. Der Kurfürst hatte aus diesem Anlass eine

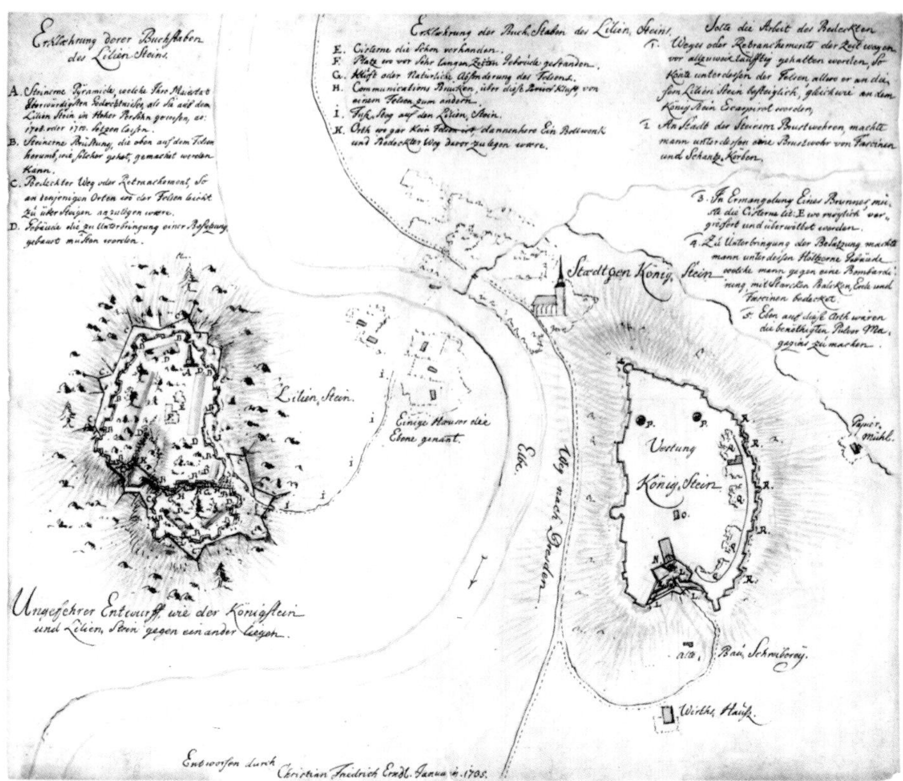

»Ungefehrer Entwurff, wie der Königstein und Lilien Stein gegen ein ander liegen«, Zeichnung von Christian Friedrich Erndl, 1735

Auf dem Lilienstein ist der Obelisk zum Andenken an die Besteigung des Berges durch August den Starken 1708 zu sehen. Der Plan des für den Ausbau des Königsteins verantwortlichen Oberstleutnants Erndl beruht auf konzeptionellen Überlegungen Augusts des Starken aus den Jahren 1729/1730, dieses Gebiet der Sächsischen Schweiz zu einem geschlossenen und uneinnehmbaren Festungsgebiet auszubauen.

Gedenkmünze prägen lassen, da es die erste Garnisonskirche in Sachsen war. Unter Kurfürst Johann Georg III. ist 1681 der kleine Turm zum Glockenturm erhöht worden und von den 32 Glocken des Glockenspiels vom Dresdner Schlossturm, das der Kurfürst 1687 abbauen ließ, kamen drei Glocken auf den Königstein. Sie läuteten erstmals am 24. Juni 1687. Schließlich wurde 1721 durch Orgelbauer Tamitius eine Orgel mit zehn Registern eingebaut.

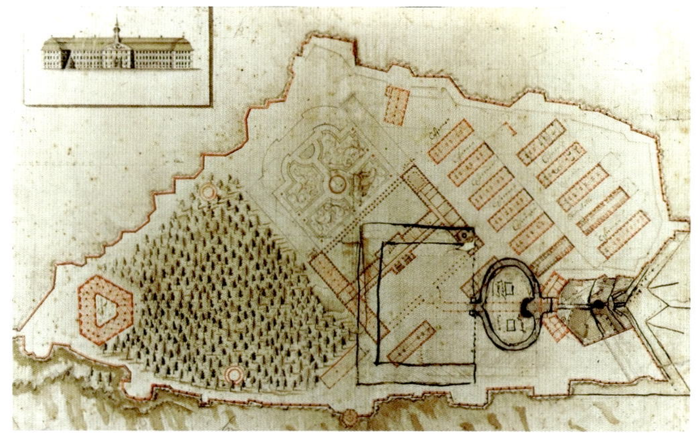

August der Starke, Ölgemälde (Louis de Silvestre), Anfang 18. Jh.

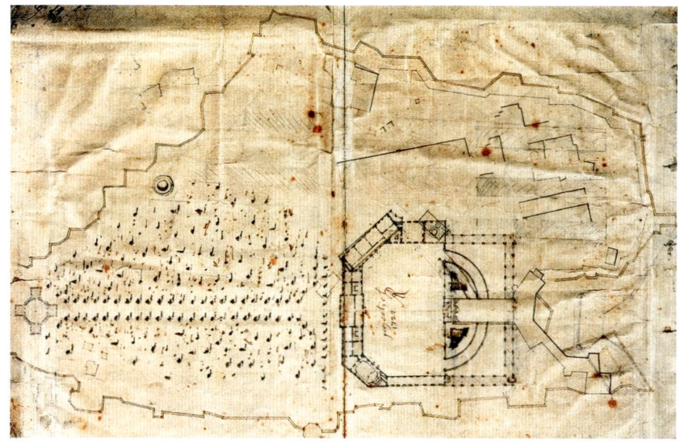

Baupläne der Schlossprojekte Augusts des Starken für die Festung, oben Entwurf von 1712 mit eigenhändiger Korrektur, und unten Entwurf aus dem Jahr 1722 mit seiner Signatur: *projektirt 1722 AR*

Die nicht nur schöne, sondern auch wehrhafte und seit Anfang des 15. Jahrhunderts nicht mehr bezwungene Festung präsentierten die Wettiner mit Genugtuung und Stolz den gekrönten Häuptern Europas und ihren Familienangehörigen. Als Kaiser Matthias II. mit großem Gefolge vom 25. Juli bis 13. August 1617 in Dresden weilte, um durch die sächsische Kurstimme die Wahl seines Sohnes Erzherzog Ferdinand zum römischen König zu erreichen, wurden die Feste besucht und auf der Elbe zwei Wasserjagden veranstaltet. Der russische Zar Peter der Große weilte zwei Mal auf der Festung, einmal am 4. Juni 1698, als er mit seiner ersten »Großen Gesandtschaft« auf der Rückreise von Holland in Dresden Station machte. Der zweite Besuch fand am 16. November 1712 statt. Dabei suchte er

Gefangene auf, maß eigenhändig mit einem Strick die Tiefe des Brunnens und reiste am 17. November wieder ab.

Zum Ausgleich der sächsisch-preußischen Gegensätze auf wirtschaftlichem und politischem Gebiet kamen, wie schon erwähnt, im Januar 1728 König Friedrich Wilhelm I. von Preußen mit seinem Sohn Friedrich nach Dresden und im Mai jenes Jahres reiste August der Starke nach Berlin und Potsdam. Beim Aufenthalt der Hohenzollern in Dresden wurde der Königstein besichtigt. Das auf Befehl von August seit 1712 geführte »Wiegebuch« für seine Gäste verzeichnet unter dem 21. Januar 1728 den 16-jährigen preußischen Prinzen Friedrich mit einem Körpergewicht von 138 Pfund. Im Oktober 1756 nahm er als König von Preußen im Angesicht der Festung die Kapitulation der 17 000 Mann starken kursächsischen Armee entgegen, die unter Befehl des Sohnes von August dem Starken, Feldmarschall Rutowski, stand – im Hochgefühl des Sieges über Friedrich August II. und dessen gehassten Premierminister Heinrich von Brühl. Der Wettiner und sein erster Minister sowie ein Teil des Hofstaates durften am 20. Oktober 1756 in 33 Wagen vom Königstein abfahren, um in Warschau für die Dauer des Krieges ihren Aufenthalt zu nehmen. Die Festung wurde zum neutralen Gebiet erklärt und hatte im weiteren Verlauf des Siebenjährigen Krieges keine militärische Bedeutung. Während des 18. und bis zum Ende des 19. Jahrhunderts sind die Festungsbauwerke immer wieder verbessert und Batterieanlagen und Kasematten, Kasernen und Munitionsanlagen der neuen Waffentechnik angepasst worden.

Nach dem für Kursachsen verlustreichen Siebenjährigen Krieg wurden keine bedeutenden europäischen Potentaten als Gäste auf dem Königstein registriert. Aber immer mehr Besucher der Sächsischen Schweiz fanden den Weg auf die Festung, sodass der Festungskommandant bald ein Gästebuch führte. Darin haben sich vor allem viele Schweizer Staatsbürger verewigt, allen voran Johann Heinrich Pestalozzi im Mai 1786. Anton Graff und Adrian Zingg finden sich ebenso im Gästebuch wie der Festungskommandant der britischen Kolonie Gibraltar Generalleutnant Boyd im September 1786.

Das beginnende 19. Jahrhundert sah den Königstein eingebunden in die napoleonischen Kriege. Wie ein böses Omen brannten am 8. Oktober 1806, wenige Tage vor der Schlacht bei Jena und Auerstedt, das Kommandantenhaus, die Proviant-

Ansicht der Johann-Georgenburg, aquarellierte Lithographie, W. Bässler, Mitte 19. Jh.

verwalterei und der Heldensaal ab. In den folgenden Jahren, in denen das nunmehrige Königreich Sachsen als Rheinbundstaat auf Seiten Frankreichs stand, waren französische Generäle ebenso Besucher wie verbündete Monarchen. Am 30. März 1812 war es Preußens König Friedrich Wilhelm III. »mit anderen hohen Personen und großem Gefolge«. Am 2. Juni 1812 kamen die Kaiserin von Frankreich, die Königin von Westfalen und der Großherzog von Würzburg und am 20. Juni 1813 Napoleon mit einigen seiner Generäle auf den Königstein. Sie besichtigten den Brunnen und die Umgebung der Festung, trugen sich in das Fremdenbuch ein und ritten nach einer Stunde wieder weg.

Danach wurden bis Anfang Oktober 1813 französische Soldaten auf dem Königstein stationiert. Ein Jahr später weilte der Generalgouverneur von Sachsen, der russische Fürst Repnin-Wolkonski, mehrmals auf der Festung, so am 5. Juli, 20. Juli und 1. September 1814. Repnin reiste am 13. November 1814 nach seiner Ablösung als Generalgouverneur nach Wien, deshalb wurden von der Festung 50 Kanonenschüsse abgefeuert. Als aber unter dem preußischen Generalgouvernement am

Friedrich August I. (der Gerechte), Ölgemälde um 1800

19. Januar 1815 preußische Kavallerie und Infanterie die Festung blockierten, setzte der sächsische Festungskommandant die Festung in den Verteidigungszustand. Bei Rückkehr des sächsischen Königs Friedrich August I. aus der Kriegsgefangenschaft wurden bei seinem Passieren von Berggießhübel (von Preßburg nach Dresden) wiederum 50 Kanonenschüsse abgefeuert. In den Folgejahren waren dann mit den jungen Prinzen Friedrich August und Johann etwa gleichaltrige Mitglieder europäischer Fürstenhäuser zu Gast, so der Infant von Spanien, der Erzherzog Franz von Österreich, der bayerische König Ludwig I. und Wilhelm von Preußen, die den Mythos der Festung Königstein mit in die Welt trugen.

Sagenumwobene Festung

Es ist ganz natürlich, dass mit der weithin bekannten Festung manch wahre und auch unverbürgte Erzählung verbunden ist. Was ist da nicht alles mündlich überliefert und immer weiter erzählt worden. Der Sebnitzer Historiker und Volkskundler Alfred Meiche hat das in einem »Sagenbuch der Sächsischen Schweiz« zusammengetragen. So soll auf dem Luisenweg zur Festung um Mitternacht ein ungeheuer langer Mann, bekleidet mit dunklem Mantel und Schlapphut, zu sehen sein, der auf dem Felsplateau regelmäßig um die kleine Kirche gehe und dann wieder verschwände. Einer Dresdner Bürgerin, die 1905 den Königstein besuchte, wurde diese Geschichte in abgewandelter Form erzählt. Da ist es eine Gestalt in weißem Gewand, die in der Mitternachtsstunde zwölf Mal die Sankt-Georgskapelle umrundet und danach wieder verschwindet. Ebenso soll es in der alten Kaserne, 1589/90 erbaut und später als Kaserne A bezeichnet, »ein gewisses Etwas«, also einen Geist, geben, der jedes Jahr am 9. September die in der Kasernenstube Nr. 10 schlafenden Soldaten aus ihren Betten wirft.

Die nach richterlichem Urteil auf dem Königstein hingerichteten Männer spuken nun dort als Geister herum. Am 8. Juni 1610 hatte man dem Festungskommandanten

Hauptmann Wolf Dietrich Beon drei Finger der rechten Hand wegen Meineids abgehackt und ihn danach wegen Unterschlagung von Verpflegungsgeldern, Veräußerung von Festungsinventar und Verkauf von Proviantvorräten an dem Ast eines Baumes, der zwischen der Christiansburg und der Königsnase über die Festungsmauer ragte, gehenkt. Der Ast wurde abgesägt und stürzte mit dem Gehenkten in die Tiefe, da kein Toter auf die Festung oder aus der Festung gebracht werden durfte. Der so zu Tode gebrachte Hauptmann Beon erschreckt nun dort in der Nacht die Wachsoldaten und läuft im Festungswald herum.

Gleiches wird von dem am 1. März 1720 in der Nähe der Königsnase enthaupteten ehemaligen Major und Alchimisten Hector Baron von Klettenberg – ein Stein auf der Wiese an der Stelle des Richtblocks erinnert daran – behauptet. Der Baron soll dort zuweilen mit dem Kopf unter dem Arm spazieren gehen.

Als sogenanntes Wahrzeichen gilt eine bereits 1692 beschriebene hölzerne Puppe. Sie stellt einen in violett-blaues Leder gekleideten Cölestinermönch dar, dessen unteres Teil wie ein Beutel auf und zugezogen werden kann. Aus dem Jahr 1740 ist letztmalig überliefert, dass diese derb komische Mönchspuppe von Festungssoldaten den Besuchern gegen ein Trinkgeld angeboten worden ist – wohl als ein Andenken an den Festungsbesuch, das man stolz zu Hause Verwandten und Freunden vorführen konnte.

Verzichtet man auf den bequemen Panoramaaufzug und nimmt den Fußweg auf die Festung, geht man nach dem Passieren des Haupttores durch das hintere Ravelin und findet am südlichen Ende eine in den Fels gehauene Zeichnung eines Pferdes. Das aufsteigende schwarze Ross soll die Stelle anzeigen, wo früher ein Weg auf die Festung führte. Damit ist die Sage verbunden, dass der Kammerdiener eines Festungskommandanten versucht hatte, jenen umzubringen. Nach dem gescheiterten Mordversuch sei der Kammerdiener auf einem Pferd über die Ringmauer gesprungen und entflohen. Nach einer anderen Überlieferung soll das Ross in Verbindung mit der Flucht von zwei Gefangenen im Jahre 1612 stehen. Sagenumwoben ist auch der sogenannte Kälbersprung vom 25. Juli 1633. An diesem Tag sprangen zwei Kälber, die auf dem Weg zur Schlachtbank waren, unweit des Steinbruchs über die Fes-

Das Beon-Kreuz an der Nordseite der Festung zwischen der Friedrichsburg und der Königsnase kennzeichnet die Hinrichtungsstelle des Hauptmanns Wolf Dietrich Beon 1610

Der Klettenbergstein an der Nordseite der Festung auf dem Wall

Das »Pagenbett« an der Friedrichsburg, Aquarell von Theobald Reinhold von Oer, Mitte 19. Jh.

tungsmauer. Beide Kälber blieben unverletzt. Dem einen gelang die Flucht in die Freiheit. Das andere wurde im Bielatal eingefangen, wieder auf die Festung gebracht und entging so nicht seinem Schicksal.

Verbürgt ist die Geschichte vom »Pagenbett«. Im Sommer 1675 hielt sich Kurfürst Johann Georg II. wieder einmal mit Familie und Hofstaat auf dem Königstein auf. Bei einer abendlichen Festivität in der Christiansburg am 12. August wurde dem Wein reichlich zugesprochen. Des Kurfürsten Leibpage Karl Heinrich von Grunau aus Schmölln in der Oberlausitz, ein junger Mann von 21 Jahren, suchte im volltrunkenen Zustand eine Schlafstätte. Er stieg aus einer Schießscharte, nach einer anderen Überlieferung aus dem nach Westen gelegenen Fenster des unteren Saales, und fand auf einem Gesimsstein unmittelbar über dem Abgrund das, was er suchte. Am nächsten Morgen in der Frühe entdeckten ihn zwei Kanoniere. Auf

Befehl des Kurfürsten wurde er noch im Schlaf durch Seile gesichert. Dann weckten ihn im Beisein des Kurfürsten Trompetengeschmetter und Trommelwirbel. Man zog den jungen Mann schließlich hinter die Brustwehr. Grunau, der im Alter von 90 Jahren 1744 in Schmölln verstarb, soll, als er kein Leibpage mehr war, noch sehr oft den Königstein besucht haben. Heute gehört dieser als »Pagenbett« bezeichnete Platz zu den Sehenswürdigkeiten der Festung.

Überhaupt ist aus dem 17. Jahrhundert manch weiteres Bemerkenswerte überliefert. 1655 sprang der Musketier Hänel aus Melancholie von der Festung, verletzte sich schwer und starb nach sechs Tagen. 1661 wurde der Musketier Frauenlob bei starkem Sturm von der Festung geweht. 1675 ist der Musketier Johann Christian Kirchbach wegen verbotener Verbindungen zu Festungsgefangenen erschossen worden. Für den zweiten Pfingstfeiertag 1687 ist der Sturz eines viereinhalb Jahre alten Kindes aus einer Schießscharte von der Festung in der Chronik vermerkt; der Knabe Johann Gottlob Petzold blieb unverletzt. 1689 versuchte man, am östlichsten Punkt des Festungsplateaus, an der Königsnase, eine Windmühle zu errichten. Der Chronist Beyrich berichtet: »... allein sie befreundete sich mit dem Winde allzu sehr und flog alsbald mit diesem in alle Weltgegenden«. Und 1690 wurde auf dem Königstein ein Erdbeben wahrgenommen.

Kurfürstliches und königliches Staatsgefängnis

Kurfürst Christian I. hat die Festung Königstein nicht nur als uneinnehmbare militärische Anlage ausgebaut und als Ort von Vergnügungen aller Art in der wundervollen Landschaft angesehen, abgeschirmt von einer davon Kenntnis nehmenden Öffentlichkeit, sondern auch als einen Ort, an dem man unliebsame, in Ungnade gefallene oder Kapitalverbrechen begangen habende Menschen von allem gesellschaftlichen Umgang isolieren konnte. Bald wurde die Festung Königstein ein Aufbewahrungsort für Staatsgefangene.

Der erste von ihnen, der auf den Königstein gebracht wurde, war Oberhofprediger Dr. Martin Mirus, seit 1574 am kurfürstlichen Hof in Dresden. Streng lutherisch gesinnt, kam er nach 1586 mit Kanzler Dr. Nikolaus Krell und Dr. Andreas Paull in Konflikt, die dem Calvinismus zuneigten. Als Mirus als Beichtvater von Christian I. den Kurfürsten wegen dessen calvinistischer Bestrebungen zur Rede stellte, wurde er mehrfach vernommen, als Hofprediger entlassen und auf Betreiben von Kanzler Krell am 29. Juli 1588 auf die Festung gebracht. Nachdem er seine Verfehlungen eingestanden hatte, konnte er am 16. November 1588 die Festung verlassen und ging nach Jena. Nach dem Tod von Christian I. 1591 holte ihn die Kurfürstinwitwe Sophie zurück und setzte ihn wieder in seine Ämter ein. Nun war es seinerseits Mirus, der nach dem Sturz von Kanzler Krell dessen Verbringung nach dem Königstein betrieb.

Kanzler Nikolaus Krell, Gemälde eines unbekannten Künstlers, um 1600

Dr. Nikolaus Krell, seit Frühjahr 1589 allmächtiger Kanzler und engster Ratgeber des Kurfürsten Christian I., hatte gemeinsam mit gleichgesinnten Theologen begonnen, in einer »Zweiten Reformation« das calvinistische Glaubensbekenntnis in Kursachsen einzuführen. Da damit eine frühabsolutistische Innenpolitik verbunden war, machte er sich den landständischen Adel zum Feinde. Nach dem frühen Tod von Christian I. wurde er auf Betreiben der Landstände und der Kurfürstinwitwe entmachtet, verhaftet, in der Nacht vom 17. zum 18. November auf den Königstein gebracht und dort in den östlichen Turm der Georgenburg eingesperrt. Der Turm, 1806 abgebrannt, hieß bald der »Krellturm«. Dort saß Krell unter menschenunwürdigen Bedingungen zehn Jahre ein, wurde immer wieder verhört und in dem ab 1597 gegen ihn geführten Inquisitionsprozess auch gefoltert. Schließlich wurde am 8. September 1601 in Prag das Todesurteil ausgesprochen und ihm am 22. September 1601 auf der Festung durch den Dresdner Amtsschösser verlesen. Zur Urteilsvollstreckung brachte man den todkranken Krell nach Dresden und enthauptete ihn öffentlich am 9. Oktober 1601 zwischen 11 und 12 Uhr auf dem Jüdenhof am Dresdner Neumarkt.

Von den insgesamt 993 Festungsgefangenen, die das Häftlingsbuch der Festung zwischen 1591 und 1922 verzeichnet, waren die meisten in der Georgenburg und im alten Zeughaus inhaftiert. Aus dieser großen Zahl sollen nur einige wenige genannt werden, die wie Kanzler Krell im Bewusstsein der Menschen geblieben sind, die einen festen Platz in der sächsischen Geschichte haben und deren Namen von Generation zu Generation weitergegeben werden.

Da wurde am 27. Oktober 1632, mitten im Dreißigjährigen Krieg, der Prager Jurist Dr. Joachim Kratz auf Befehl von Kurfürst Johann Georg I. von der Burg Hohnstein auf den Königstein verlegt und im Krellturm »über dem Gemach, da D. Krell gesessen«, verwahrt. Kratz war auf dem Landtag 1631 in Leipzig, auf dem der Kurfürst mit seinen Landständen über einen Wechsel von der katholischen Liga zur evangelischen Union beriet, als Spion des Kaisers entlarvt und verhaftet worden. Nach 18 Jahren Haft auf dem Königstein kam er schließlich nach dem Westfälischen Frieden auf Ansuchen Kaiser Ferdinands III. am 15. März 1650 frei.

In der Regierungszeit Augusts des Starken nahm die Zahl der Staatsgefangenen merklich zu. Gleich bei Übernahme der Regentschaft nach dem plötzlichen Tod seines älteren Bruders Johann Georg IV. wurden die Mutter der Mätresse Johann Georgs, Ursula Margarete von Neitschütz, und der Kammerdirektor Ludwig Gebhard von Hoym verhaftet und als Staatsgefangene auf den Königstein gebracht. Die gegen die von Neitschütz eingeleitete Untersuchung wegen Zauberei, in deren Verlauf sie 1695 mit Daumenschrauben und Schnüren gefoltert worden war, ist, nachdem das Vermögen ihrer Tochter Sibylla, der Reichsgräfin von Rochlitz an den Fiskus zurückgelangt war, auf Befehl des Kurfürsten, eingestellt worden. Die »Generalin« Neitschütz wurde aus der Haft entlassen und Kammerdirektor von Hoym kaufte sich mit 200 000 Talern frei.

Im Verlauf des 1700 begonnenen Nordischen Krieges schickte August der Starke mehrere seiner engsten Minister und Ratgeber auf den Königstein, weil sie bei ihm in Ungnade gefallen waren oder ihm nach einem plötzlichen Politikwechsel im Wege standen.

Als ersten traf es den Großkanzler Wolf Dietrich von Beichlingen, der im Frühjahr 1703 in den Verdacht geraten war, sich der sächsischen Adelsopposition angeschlossen zu haben. Kurzerhand ließ August der Starke seinen langjährigen Vertrauten Beichlingen, dessen beide Brüder Oberfalkenmeister Gottlob Adolph und Erbpostmeister Hanns Siegfried sowie deren Mitarbeiter Pretten, Oferal und Alberti am 10. April 1703

Wolf Dietrich von Beichlingen, Schabkunstblatt von Petrus Schenk, 1707

zwischen 22 und 23 Uhr im polnischen Marienburg verhaften und in drei Wagen auf den Sonnenstein in Pirna und auf den Königstein bringen. Dort trafen sie am 19. April ein und sind unter strengen Haftbedingungen in der Georgenburg untergebracht worden. Ab 21. April 1703 begannen die Vernehmungen Beichlingens durch eine aus zwölf Mitgliedern bestehende Kommission. Die Untersuchungsberichte vom 26. Juli, 29. Dezember 1703 und 15. Februar 1704 warfen Beichlingen und den anderen Inhaftierten Staatsverbrechen, Fehler und Pflichtverletzungen in der Amtsführung, Verfehlungen bei Gerechtigkeitsfragen und der allgemeinen Polizei sowie entstandene Schäden im Kämmereiwesen und der Wirtschaft vor. Ohne Urteil blieben die von Beichlingen bis zum 31. Januar 1709 in Festungshaft. Dann kamen sie auf Fürsprache von Augusts des Starken Hofmeister Haxthausen, von Hoym, Charlotte von Vitzthum, Gräfin Rechenberg und Gräfin Cosel unter Rückgabe ihres Eigentums und der Güter ihres Vaters am 1. Februar 1709 gegen das Versprechen frei, keine Rache zu nehmen und sich nicht ohne kurfürstliche Genehmigung von ihren Gütern zu entfernen.

Noch schlimmer erging es dem Livländer Johann Reinhold Patkul, seit 1698 im Dienst Augusts des Starken und ab 1704 Gesandter des russischen Zaren Peter des Großen bei August dem Starken am sächsischen Hof. Im Dezember 1705 wurde er plötzlich in Dresden unter dem Vorwurf verhaftet, russische Hilfstruppen an Österreich vermitteln zu wollen und mit dem Schwedenkönig Karl XII. in Verbindung getreten zu sein. Beim Einfall der Schweden in Sachsen wurde Patkul vom Sonnenstein auf den Königstein verlegt und für ein halbes Jahr in der Georgenburg in einem Raum über demjenigen Beichlingens untergebracht. Aufgrund des Altranstädter Friedens, von Augusts Beauftragen Imhoff und Pfingsten ausgehandelt, musste Patkul entsprechend Artikel 11 des Vertrages an die Schweden ausgeliefert werden. Um das zu verhindern, hatte man versucht, eine Flucht Patkuls vom Königstein zu arrangieren. Dem kam aber Karl XII. von Schweden, der von diesem Plan Kenntnis erlangt haben musste, zuvor. Spät abends am 6. April 1707 wurde Patkul einer schwedischen Eskorte übergeben, die ihn in einer Reisekalesche wegbrachte. Von einem schwedischen Kriegsgericht zum Tode verurteilt, wurde er am 10. Oktober 1707 in der Nähe von Posen hingerichtet. Der sächsische

Kurfürst und polnische König muss ein schlechtes Gewissen gehabt haben, denn er ließ 1713 die Gebeine Patkuls einsammeln und in Warschau beisetzen.

Beim Anrücken der schwedischen Truppen nach Kursachsen Ende August 1706 wurden weitere Gefangene zur Sicherheit auf den Königstein gebracht, so am 28. August die beiden polnischen Prinzen Jakob und Constantin Sobiesky, die die Festung aber schon am 28. November wieder verlassen durften. Dazu gehörte auch der Leipziger Bürgermeister Franz Conrad Romanus, der wegen Betrügereien verhaftet worden war und am 5. September 1706 auf die Festung kam, wo er am 14. Mai 1746 als Staatsgefangener verstarb.

Die Festungschronik enthält für 1706 auch einen merkwürdigen Eintrag: Nomen nescio. Ein Herr mit drei Dienern. Sie waren vom 26. August 1706 bis zum 22. September 1707 in der Georgenburg untergebracht. Bei diesen vier Personen handelt es sich zweifelsfrei um Johann Friedrich Böttger und seine Gehilfen, die von der Albrechtsburg in Meißen auf den Königstein in Sicherheit gebracht wurden. Böttger hatte schon einmal mit der Festung Bekanntschaft gemacht, als er nach seiner Flucht 1703 von Österreich nach Sachsen zurückgebracht worden war. Der Alchimist experimentierte später in Dresden an der Herstellung von weißem Porzellan, dessen Rezeptur ihm dort laut Versuchsprotokoll vom 15. Januar 1708 erstmals gelang, gestützt auf wissenschaftliche Vorarbeiten von Ehrenfried Walther von Tschirnhaus. 1709 konnte Böttger die Erfindung des Porzellans seinem Kurfürstkönig melden, der im Folgejahr die Königliche Porzellanmanufaktur in Meißen gründete.

Johann Friedrich Böttger, Lithografie Otto Baisch

Einem anderen Alchimisten war am Hofe Augusts des Starken ein schlimmeres Schicksal beschieden. 1713 war der aus einer Frankfurter Ratsfamilie stammende Johann Hektor von Klettenberg aus seiner Vaterstadt nach Kursachsen geflohen, um einer Verurteilung wegen Tötung eines Verwandten im Duell zu entgehen. Der im Ruf eines »Goldmachers« stehende Klettenberg versprach das Goldmachen auch August dem Starken. Dafür wurde er kursächsischer Kammerherr, Amtshauptmann in Senftenberg, bekam 3000 Taler für die Einrichtung eines Laboratoriums und monatlich 1500 Taler Vergütung. Da der trotzdem völlig verschuldete Klettenberg kein Gold herstellen konnte, wurde er 1717 verhaftet und kam am 18. März 1719 als Staatsgefangener auf den Königstein. Zwei Mal gelang ihm die Flucht von der Festung, beide Male ist er wieder eingefangen worden. Am 1. März 1720 wurde das Todesurteil gegen ihn vollstreckt. Dazu berichtet die Beyrich'sche Chronik: »Anno 1720, den 1. März hat man den teuren Klettenberg in die andere Welt befördert. Als ihm ein paar Tage vorher sein Ende angekündigt wurde, und bald darauf der Tischler, um das Maas zum Sarge an ihm zu nehmen, abgeschickt gewesen, hat er es für eine Finte gehalten und gesagt, auf dem Holze zu seinem Sarge sängen noch die Vögel. Als aber Mittwochs der katholische Geistliche, Pater Hartmann zu ihm gekommen, ist Klettenberg sehr erschrocken. Und zu seinem Ende vorbereitet, Donnerstags communiciret, ist er den Freitag früh zwischen 8 und 9 Uhr zwischen geschlossenen Piquen, auf der Festung herum, hinter dem Walde gegen die sogenannte Königsnase, auf einen von Schnee gereinigten Platz geführt worden, allwo er den Soldaten, welche ihm zur Seite gegeben, einen Dukaten gegeben, die Perüque von sich geworfen, den Anwesenden für die ihm erwiesene Güte gedankt und sie wegen des ihnen zugefügten Verdrusses um Verzeihung gebeten, nachgehends an die Umstehenden die Verwahrung getan hat, das sie an ihm ein Exempel nehmen möchten, wie es zu gehen pflege, wenn man den Gott aller Götter aus den Augen setzte und sich auf Menschen verließe, er stürbe als ein katholischer Christ, auf Christi Verdienste, und die Vorbitte seiner Mutter, worauf er sich selbst ausgekleidet, niedergekniet und unter dem Zuruf des Geistlichen, die Worte ›Herr Jesus, dir leb ich‹ etc. ziemlich beherzt und mit unverbundenen Augen den Schwertstreich ausgehalten hat. Es wurde ihm sodann das rote Kleid wieder angezogen, die Perüque, weil er darum gebeten, da solche von seinen eigenen Haaren war, wieder aufgesetzt, in einen Sarg gelegt, auf einem Schlitten durch die Musquetiere von der Festung hinunter auf den Soldatenkirchhof geführt und allda beerdigt.« Bänkelsänger besangen bald danach Leben und Tod Klettenbergs, der 51 Jahre alt geworden war, unter dem Spottnamen »Bettgenkerl« auf deutschen Jahrmärkten.

Als Karl XII. mit seinen Truppen im September 1707 abgezogen war, ließ August der Starke seine beiden Verhandlungsführer beim Frieden von Altranstädt im November verhaften und auf den Sonnenstein bringen. Er warf ihnen vor, seine erteilten Weisungen und Vollmachten überschritten zu haben. Beide kamen am 10. August 1709 auf den Königstein. Ihnen wurde der Prozess gemacht und am 20. Dezember 1710 das Urteil gefällt. Anton Albrecht Freiherr von Imhoff ist zu lebenslanger Haft und Einziehung seiner Lehngüter verurteilt, später zu zehn Jahren Haft begnadigt und schließlich nach sieben Jahren Gefängnis Ende 1713 in die Freiheit entlassen worden. Der Geheime Referendar Pfingsten wurde erstinstanzlich zum Tode durch das Schwert verurteilt, in zweiter Instanz dann zu lebenslangem Gefängnis. Am 21. November 1735 starb er auf der Festung.

Der Königstein sah im 18. Jahrhundert zwei weitere Staatsgefangene, die im Gedächtnis der Menschen geblieben sind. Der eine ist Friedrich Wilhelm Menzel, 1726 in Dresden geboren und seit 1744 Kanzlist bei Premierminister Graf Heinrich von Brühl. Seit 1752 hat er nachweislich die diplomatische Korrespondenz Brühls mit den Höfen in Wien, St. Petersburg und Paris kopiert, an den preußischen Gesandten Maltzahn in Dresden gegeben und dafür viel Geld erhalten. Preußens König Friedrich der Große war damit über Pläne, Absichten und Verbindungen Brühls informiert. Im Oktober 1756 mit nach Warschau gekommen, wurden dort seine Spionagedienste entlarvt. Brühl ließ durch Kriegsrat Götze Menzel und dessen Schwager Johann Benjamin Erfurth als Helfer verhaften. Beide wurden in Prag auf ihrer Flucht aufgegriffen, von den Österreichern auf den Spielberg bei Brünn gebracht und nach dem Ende des Siebenjährigen Krieges dann von Österreich an Kursachsen ausgeliefert. Am 2. August 1763 hat man sie auf dem Königstein arretiert. In seiner Chronik vermerkt Beyrich dazu: Menzel schmachtete »... 33 Jahre lang, anfangs in sehr strenger Haft, viele Jahre bei Wasser und Brot; nur in der letzten Zeit seines Lebens gab man ihm bessere Nahrung und nahm ihm Ketten und Sperreisen ab und ließ ihn bisweilen etwas frische Luft schöpfen«. Menzel starb im Alter von 70 Jahren am 22. Mai 1796. Der Goldschmied Erfurth verbrachte unter gleichen Haftbedingungen mit Ketten und Sperreisen bei geringer Kost 14 Jahre auf der Festung und starb am 14. Juni 1778.

Premierminister Graf Heinrich von Brühl, nach Louis de Silvestre

Der andere, als letzter wichtiger Königsteiner Staatsgefangene bezeichnet, war Pierre Aloysius Marquis d'Agdollo, ein Abenteurer, der sich einmal als Venezianer, zum anderen als Sohn einer vornehmen persischen Familie ausgab. Er stand zunächst hoch in der Gunst von Kurfürst Friedrich August III. Warum er am 16. September 1776 in einem Dresdner Hotel verhaftet und am 18. September auf den Königstein gebracht wurde, ist bis heute nicht geklärt. Er starb dort am 27. August 1800. Die Haftbedingungen waren für ihn wohl recht leicht, denn er konnte sich auf der Festung frei bewegen. Die Stelle, wo er gewöhnlich ein Sonnenbad nahm, erhielt bald den Namen »Agdollos Ruhe«.

Im Verlaufe des 19. Jahrhunderts wurde die Festung Königstein das Staatsgefängnis für aufrührerische Bürger und bürgerliche Demokraten. Es begann 1790 mit dem kursächsischen Bauernaufstand, als man am 11. September die als Anführer ermittelten Bauern auf den Königstein brachte. Es waren 34 Hüfner, Gärtner und Häusler vor allem aus der Lommatzscher und Meißner Gegend, die als Baugefangene bis zu mehreren Monaten auf der Festung schwer arbeiten mussten. 1791 durften die letzten von ihnen die Festung verlassen.

Vierzig Jahre später wurde das Königreich Sachsen im Spätsommer 1830 und im Frühjahr 1831 von revolutionären Unruhen erschüttert, die zur konstitutionellen Monarchie und damit zu bürgerlichen Verfassungszuständen führten. Die ausgemachten Anführer der Aprilunruhen 1831 sind polizeilich verfolgt, verhaftet und mit hohen Zuchthausstrafen belegt worden. Zwei von ihnen, die Dresdner Bürger Nudelfabrikant Anton Bertholdi und der promovierte Jurist Bernhard Moßdorf, waren am 18. April 1831 verhaftet und nach mehrmonatigen Verhören am 2. September 1831 als »Häupter der Bewegung« von der speziell eingesetzten Untersuchungskommission ohne ordentliches Gerichtsverfahren zu 15 Jahren Festungshaft verurteilt worden. Sie wurden in der Nacht vom 2. zum 3. September 1831 auf der Festung abgeliefert und in die Räume Nr. 9 und Nr. 10 auf der Georgenburg eingesperrt. Dort waren beide den Demütigungen, Befragungen und anzüglichen Äußerungen des Platzadjutanten Oberleutnant Fuchs und des Festungswachtmeisters ausgesetzt. Bertholdi unternahm einen Fluchtversuch, der scheiterte. Danach wurden die Schikanen so groß, dass er nur im Selbstmord einen Ausweg sah. Am 4. September 1833 erhängte er sich an den Eisengittern seines Gefängnisraumes. Eine Woche später unternahm Moßdorf einen Fluchtversuch, der ebenfalls misslang. Am 13. November brachte man ihn in den Gefängnisraum, in dem sich sein Freund Bertholdi das Leben genommen hatte. Was dann in der Nacht vom 13. zum 14. November 1833 geschah, bleibt für immer unklar. Am Morgen des 14. November fand man Moßdorf wie Bertholdi erhängt am Fenster. Bereits einen Tag später gab es unter den auf der Festung stationierten Soldaten Gerüchte, dass Moßdorf erdrosselt worden sei. Es fand keine zivilgerichtliche Untersuchung statt. Erst nach dem März 1848 begann vor dem Stadtgericht Dresden ein Untersuchungsverfahren. Aber auf die Fragen, wie sich ein Mensch, der an Ketten kreuzweise am Fußboden in der Mitte des Raumes angeschlossen ist, zum Fenster bewegen konnte und warum Moßdorfs Leiche die gleichen Verletzungen aufwies wie die von Bertholdi: Schnittwunden am Hals und am linken Arm, Würgemale am Kehlkopf gab es keine Erklärung. So bleiben die Gerüchte um den Tod dieser beiden Demokraten bis heute bestehen.

Otto Leonhard Heubner. Das gegen ihn verhängte Todesurteil wurde bald in eine lebenslängliche Haftsstrafe umgewandelt.

Im Vormärz kam die aufflammende nationale Bewegung in dem seit 1795 staatlich nicht mehr existierenden Polen mit dem Königstein in Berührung. Nach dem Krakauer Aufstand, der von Rußland, Österreich und Preußen militärisch niedergeschlagen wurde, flüchteten viele Polen 1846 über Sachsen nach Frankreich. Der Anführer der Republik Krakau Dr. Johann Tyssowski gehörte dazu. Er wurde Anfang März 1846 in Dresden verhaftet und Ende des Monats auf die Festung Königstein verbracht. Am 15. Mai 1846 traf ein österreichischer Kriminalrat auf der Festung ein und verhörte in den nächsten Wochen im Beisein des sächsischen Appellationsrates Ertel den »Diktator«. Im Verlauf der Verhöre zeigte sich, dass enge Verbindungen zwischen sächsischen Demokraten und polnischen Emigranten in Paris bestanden, was auch in Sachsen zu neuen Kriminaluntersuchungen führte. Am 9. Februar 1847 wurde Tyssowski an Österreich ausgeliefert.

Michail Bakunin, russischer Anarchist

Dann kamen die Revolutionsjahre 1848/49 mit dem Maiaufstand in Dresden. Die führenden Köpfe des Aufstandes, deren die Polizei habhaft werden konnte, fanden sich auf dem Königstein wieder. Am 29. August 1849 wurden der Russe Michail Bakunin, militärischer Berater der Aufständischen, weiterhin der Musikdirektor August Röckel, das Mitglied der Provisorischen Regierung Otto Leonhard Heubner und der Kommandant der Dresdner Kommunalgarde Alexander Clarus Heintze in der Festung eingeliefert. Bis zu ihrer Verurteilung verblieben sie in der Georgenburg. Bakunin ist am 12. Juni 1850 an Österreich ausgeliefert worden, Röckel, Heubner und Heintze kamen am 18. Juni 1850 in das Zuchthaus Waldheim.

August Bebel

Der nächste prominente Festungsgefangene war der sozialdemokratische Arbeiterführer August Bebel. Weil er sich 1871 zur Pariser Kommune bekannt hatte, wurde er angeklagt und vom Landgericht Leipzig im März 1872 zu zwei Jahren Festungshaft verurteilt, von denen er die meiste Zeit in der Strafanstalt Waldheim verbüßte, im April/Mai 1874 aber auch für drei Wochen auf dem Königstein weilte, wo er im Alten Zeughaus untergebracht worden war. Die wohl letzten politischen Gefangenen auf der Festung Königstein vor dem Ersten Weltkrieg waren die Mitarbeiter der satirischen Zeitschrift »Simplizissimus« Karikaturzeichner Thomas Theodor Heine und Dramatiker Frank Wedekind. Wegen »Majestätsbeleidigung« – sie hatten sich über die Palästinareise Kaiser Wilhelms II. 1898 lustig gemacht – wurden Heine vom Landgericht Leipzig zu sechs Monaten Festungshaft und Wedekind, der erst im Juni 1899 nach Leipzig zurückkam, zu sieben Monaten Festungshaft verurteilt, die sie auf der Festung Königstein verbüßten. 1899 und 1900 saßen beide ihre Strafe ab, ohne die Mitarbeit am »Simplizissimus« aufzugeben.

Nach der Novemberrevolution 1918 blieb die Festung Königstein nochmals für kurze Zeit ein Ort für politische Gefangene. 1919 traf es 50 Funktionäre der KPD und der USPD, unter ihnen Fritz Heckert aus Chemnitz als Mitbegründer der KPD. Eingesperrt in einem Kellerraum des Alten Zeughauses, konnte er am 25. September die Festung wieder verlassen. Ende 1919 wurde er erneut verhaftet und auf den Königstein gebracht. In Sachsen herrschte Belagerungszustand. Es kam aber zu keinem Prozess gegen ihn, und auf Weisung der sächsischen Regierung ist Heckert am 10. Januar 1920 entlassen worden.

Fast die Hälfte der knapp 1000 Arrestanten auf dem Königstein hat wegen Duellvergehen eingesessen. Das Duellieren war zwar in Kursachsen seit Mitte des 17. Jahrhunderts verboten, trotzdem kam es immer wieder zu Duellen zwischen Offizieren, Studenten und Angehörigen des Adels. Allein zwischen 1870 und 1922 verbüßten deshalb oder wegen Beihilfe dazu mehr als 380 Personen Festungshaft auf dem Königstein. Bei einem Duell am 25. Juni 1834 zwischen dem Artillerieleutnant Otto Bernhard Julius Koehler und Oberleutnant Liskow wurde ersterer getötet. Alle daran beteiligten Offiziere wurden 1835 von einem Kriegsgericht zu mehrmonatiger Festungshaft verurteilt, die sie auf dem Königstein verbüßen mussten.

Kriegsgefangenenlager und Jugendwerkhof

Dreimal in ihrer jüngeren Geschichte war die Festung Königstein Kriegsgefangenenlager. Während des Deutsch-Französischen Krieges 1870/71 kamen nach der Schlacht bei Sedan am 2. September 1870 493 französische Kriegsgefangene und im November 1870 nochmals 200 Franzosen auf die Festung, wo sie im Neuen Zeughaus, in der Magdalenenburg und in den Kasematten untergebracht wurden. Bei karger Verpflegung mussten sie körperlich schwere Erdarbeiten beim Bau von Batteriewällen verrichten. Im Verlauf des Ersten Weltkrieges 1914–1918 waren französische und russische Offiziere und Soldaten als Kriegsgefangene auf dem Königstein. Während des Zweiten Weltkrieges 1939–1945 ist die Festung dann zum dritten Mal Kriegsgefangenenlager gewesen.

Zunächst kamen gefangen genommene polnische Offiziere auf den Königstein. 1941 wurde dann das Offiziersgefangenenlager IV B (Oflag IV B) für 98 französische Generäle und höhere Offiziere eingerichtet. Sie durften nach den Bestimmungen der Genfer Konvention relativ gut und freizügig leben. Spaziergänge, Tagesausflüge, Kinobesuche, eigene Theateraufführungen waren möglich. Da blieb es nicht aus, dass einige Kriegsgefangene Fluchtversuche unternahmen, von denen die meisten scheiterten.

Aber einem General gelang die spektakuläre Flucht, die bald Gerüchte aufkommen ließ. Es war der 63-jährige General Henri Honoré Giraud, der sich am 17. April 1942 gegenüber der Hinrichtungsstätte des Barons von Klettenberg über die Brustwehr abseilte. Giraud war schon im Ersten Weltkrieg in deutsche Kriegsgefangenschaft geraten und aus einem Lazarett geflohen. Danach hatte er als Zirkuskünstler in Belgien gearbeitet und dabei gelernt, sich an und auf Seilen zu bewegen. 1940 wurde er vor der Kapitulation Frankreichs mit seinem Stab in Flandern gefangen genommen. In dem Machtpoker zwischen den USA, England und de Gaulle in Vorbereitung der zweiten Front gegen Deutschland kam der amerikanische Geheimdienst auf Giraud, den man als Gegenspieler de Gaulles einsetzen wollte. So bereitete die CIA die Flucht akribisch vor, schickte in Marmeladendosen versteckt das Seil über des Generals Tochter auf die Festung. Ein deutscher Wachsoldat war bestochen worden, der die Zivilkleidung für Giraud beschaffte. So gelang die Flucht. Der Fluchtweg führte von Königstein über Gohrisch, Bad Schandau, Bodenbach, Eger, Nürnberg, Stuttgart und Straßburg in die Schweiz, von wo aus er sich am 25. April 1942 nach Vichy in Frankreich begab. Nach der Landung amerikanischer Truppen am 8. November 1942 in Nordafrika wurde Giraud Befehlshaber der französischen Truppen und nach der Ermordung des französischen Generals Darlan am 24. Dezember 1942 der Chef der Zivilverwaltung in Französisch-Nordafrika.

Mit der gelungenen Flucht Girauds war dieses Kapitel europäischer Geschichte aber noch nicht beendet. Angelika Taube weiß zu berichten: «Die Wachmannschaft musste hart dafür büßen. Sie wurde an die Ostfront geschickt, von der viele Soldaten nicht zurückkehrten. Den Lagerkommandanten verurteilte ein Kriegsgericht zu sechs Monaten Festungshaft, die er in Germersheim absaß.«

Der Vertraute Girauds, der französische General Mesny, überlebte die Kriegsgefangenschaft nicht. Bei der Fahrt vom Königstein nach Colditz zur Verlegung von fünf französischen Generälen in das Oflag IV C hat ihn SS-Hauptsturmführer Schweinitzer »auf der Flucht« erschossen. Dieser Mord war im elften Nürnberger Kriegsverbrecherprozess, dem sogenannten Wilhelmstraßen-Prozess, Gegenstand der Verhandlungen und führte zur Verurteilung des Generals der Waffen-SS Berger wegen Beteiligung am Mord, aber der Mörder selbst ist nie gefasst worden.

Bevor die Festung ab Juni 1955 ein großes Museum wurde, diente sie in der Nachkriegszeit zunächst der Roten Armee als Lazarett und nach einer »herrenlosen« Phase dann ab 1949 bis Mai 1955 als Jugendwerkhof. Für 200 Mädchen und Jungen, die zum Teil ihr Zuhause verloren oder sich strafbar gemacht hatten, wurde die Festung zu einer Stätte stalinistisch geprägter Erziehung. Die Erlebnisse dieser jungen Menschen, die heute hochbetagt leben, haben schwerlich zur Mythenbildung über die Festung beigetragen.

Trutz- und Zufluchtsstätte

Seit dem 16. Jahrhundert bis zu ihrer Abdankung 1918 ist die Festung Königstein ein Zufluchtsort für die albertinischen Wettiner gewesen, dazu bis heute ein sicherer Auslagerungsort für den Staatsschatz, die Kunstsammlungen, die Bibliotheken und Archive aus der Residenzstadt. Als die schwedische Armee unter Karl XII. im August 1706 von Polen aus auf Kursachsen zu marschierte, ließ August der Starke die Gemäldesammlung, das Grüne Gewölbe und die Archive einschließlich der Akten des Geheimen Kabinetts bei Nacht auf den Königstein bringen. 1756 war dies durch den plötzlichen Überfall Preußens auf Kursachsen nicht möglich, sodass Friedrich der Große die Türen zum Geheimen Kabinettsarchiv im Dresdner Schloss aufbrechen lassen konnte. Im Verlauf des Siebenjährigen Krieges schaffte man dann, als die Preußen 1759 zeitweise Sachsen aufgeben mussten, die Bilder der Gemäldegalerie auf den Königstein, wo sie bis 1763 verblieben. Am 13. Mai 1809 wurde die Landeskasse auf die Festung gebracht. 1813, als das Königreich Sachsen Hauptkriegsschauplatz in der militärischen Auseinandersetzung zwischen dem napoleonischen Frankreich im Bündnis mit den Rheinbundstaaten und den verbündeten Mächten Österreich, Preußen und Russland war, transportierte man die Archive und Kunstsammlungen erneut von Dresden auf den Königstein.

Kanonenguss mit den Insignien Augusts II., König von Polen und Kurfürst von Sachsen

Die relativ bombensicheren Kasematten der Festung sind im Verlauf des Zweiten Weltkrieges als wichtiger Aufbewahrungsort für die Dresdner Kunstschätze genutzt worden. Ab 1940 wurden 17 Gemälde und zehn Pastellbilder, das Grüne Gewölbe und die Gewehrgalerie, die Kostümsammlung und Teile der Rüstkammer sowie das Türkische Zelt auf den Königstein gebracht. Die Sächsische Landesbibliothek deponierte dort ebenso Teile ihres historischen Buchbestandes wie das Sächsische Hauptstaatsarchiv 1942 einen seiner bedeutendsten Archivbestände aus dem 15. Jahrhundert, das »Wittenberger Archiv«. Nach der bedingungslosen Kapitulation des Deutschen Reiches am 8. Mai 1945 besetzte einen Tag später die Sowjetarmee den Königstein. Dieses Mal kehrten die ausgelagerten Kunstschätze nicht nach Dresden zurück, sondern sie kamen als Kriegsbeute in die Sowjetunion, wo sie sich zu ei-

Der sog. Jungfernkranz an der Südseite der Festung außen an der Mauer unterhalb der Brustwehr, nahe am Zeughaus (Kopie)

nem Teil noch heute befinden. Aber auch nach den schlimmen Erfahrungen des Zweiten Weltkrieges ist in Phasen des Kalten Krieges, wo die Gefahr eines neuen Weltbrandes bestand, der Königstein wiederum als ein Auslagerungsort für Kunstschätze vorbereitet worden. Man mag die Frage nach dem Schicksal der vor wenigen Jahrzehnten eingebauten Technik und erneuten Gedankenspielen damit gar nicht stellen.

Die Festung Königstein wurde in unruhigen Zeiten als sicherer Zufluchtsort genutzt, weil sie als uneinnehmbar galt. Wohl ist es 1408 Markgraf Wilhelm II. von Meißen gelungen, die Burg militärisch einzunehmen, aber nach ihrem Ausbau zur Festung ab dem Ende des 16. Jahrhunderts ist sie nicht wieder von fremden Mächten erobert worden. Weder im Dreißigjährigen noch im Siebenjährigen Krieg wurde die Festung gestürmt. In napoleonischer Zeit zwischen 1806 und 1815 sind die Festungstore meistens geschlossen gewesen und der Königstein wurde in vertraglichen Regelungen als neutrales Gebiet erklärt. Fremdes Militär kam nur auf die Festung, wenn es freiwillig eingelassen wurde. Das geschah im Sommer 1813 für wenige Wochen. Am 21. August rückte ein französisches Bataillon mit etwa 500 Soldaten und Offizieren ein. Ein anderes Bataillon mit ca. 350 Soldaten und Offizieren löste die Truppe am 22. September ab, rückte aber bereits am 7. Oktober nach Pirna ab.

Auch im Sommer 1866 während des österreichisch-preußischen Krieges war die Festung neutrales Gebiet. Im »Dresdner Anzeiger« vom 20. November 1866 ist zu lesen. «Die Wichtigkeit des Königsteins als Landesfestung trat erst wieder mit der am 18. Juni dieses Jahres erfolgten Invasion der Preußen in den Vordergrund. Doch sind von diesen selbst keine Versuche gemacht worden, sie zu gewinnen, obschon ihnen auf dieser Seite der Einmarsch nach Böhmen wesentlich erschwert ward. Sie erkannten nämlich nur zu bald die furchtbare Schwierigkeit, ja sogar Unmöglichkeit der Gewinnung dieser durch Natur und Kunst unbedingt hinlänglich gesicherten und trefflich armierten Festung, und so blieb sie auch ferner die reinste ›Jungfrau‹ unter den festen Plätzen Deutschlands.« Durch den im Frieden von Nikolsburg vom 21. Oktober 1866 festgeschriebenen Beitritt Sachsens zum Norddeutschen Bund wurden am 24. Oktober 1866 die Festungstore für den preußischen Generalleutnant von Briesen und 170 preußische Leibgrenadiere geöffnet. Bis zum September 1871 gab es einen preußischen Festungskommandanten. Dann kam am 1. Oktober 1871 nach der Bismarckschen Reichsgründung wieder eine Kompanie sächsischer Infanteristen auf die Festung, womit die bis 1866 herrschenden Verhältnisse erneut hergestellt waren.

Weil die Festung über ein halbes Jahrtausend hinweg nicht erobert wurde, erhielt sich lange die Ansicht, dass deshalb an der Brustwehr der Südseite ein »Jungfernkranz« angebracht sei. Tatsächlich handelt es sich aber um das von Jungfrauen flankierte kursächsische Wappen, das als Zierde bei der Ausgestaltung der Südwand eingelassen worden ist.

Einmal aber wurde die Festung doch bezwungen, und zwar von einem einzelnen waghalsigen jungen Mann. Am 19. März 1848 begann am Fuße des Festungsfelsens unterhalb der Königsnase in einer Felsspalte der 18-jährige Schornsteinfegergeselle Abratzky aus Mahlis bei Oschatz die Klettertour hinauf auf die Festung. Nach dem dreistündigen Aufstieg kam er völlig erschöpft oben unterhalb der Brustwehr an. Der dort Wache haltende Soldat half ihm über die Brustwehr. Vom Festungskommandanten wurde Abratzky zu 12 Tagen Arrest verurteilt. Nach Verbüßung der Strafe konnte er den Königstein verlassen. Der beim Eisenbahnbau der Sächsisch-Böhmischen Eisenbahnstrecke in Königstein beschäftigte und dort entlassene Abratzky schrieb sein Abenteuer auf und bestritt davon mehr schlecht als recht seinen weiteren Lebensunterhalt. 1896 verstarb er in Dresden. Der Festungskommandant aber ließ die Felsspalte erweitern, sodass ein abermaliger Aufstieg für alle Zukunft verhindert wurde.

Abratzky-Kamin an der Südseite der Festung

Soweit überliefert, ist die Feste zwei Mal in ihrer vielhundertjährigen Geschichte zum Zufluchtsort für den Landesherrn, seine Familie und seine Minister geworden. Nachdem Friedrich der Große am 29. August 1756 die Invasion gegen Kursachsen begonnen hatte und auf Dresden zu marschierte, wich Kurfürst Friedrich August II. (König August III.) mit Familie, Premierminister Brühl und einem Teil der Hofbeamten in das Hauptquartier der kursächsischen Armee bei Struppen aus. Am 12. September eilten der Kurfürst und sein Gefolge auf den Königstein, wo sie vor der Gefangennahme durch den preußischen König Zuflucht fanden, um dann am 20. Oktober mit preußischer Erlaubnis Kursachsen zu verlassen. Zum zweiten Mal flüchteten die albertinischen Wettiner am frühen Morgen des 4. Mai 1849 mit dem Schiff von Dresden nach

Sächsische Monarchen haben im Festungsgelände ihre Denkmäler erhalten, hier König Georg (1902–1904)

Königstein, nachdem einen Tag vorher in Dresden der bewaffnete Aufstand um die Anerkennung der Frankfurter Reichsverfassung ausgebrochen war. König Friedrich August II. mit Familie und die Minister hielten sich bis zum 4. Juli 1849 in der Festung auf und kehrten an diesem Tage nicht nach Dresden, sondern nach Pillnitz zurück.

Im Verlauf des 19. Jahrhunderts verlor die Festung Königstein an militärischer Bedeutung. Zwar bis zum Ende des Jahrhunderts baulich immer weiter vervollkommnet, wurde sie nur noch als »Sperrfort« bezeichnet. Im österreichisch-preußischen Krieg fiel am 21. Juli 1866 von der sächsischen Festung vormittags der letzte Schuss gegen einen preußischen Beobachtungsposten auf dem Lilienstein. Nach dem Waffenstillstandsabkommen von Nikolsburg am 22. Juli 1866 wurde die Festung am 29. Juli wieder einmal zum neutralen Gebiet erklärt.

Nach dem Ende des Ersten Weltkrieges erfolgte im Ergebnis des Versailler Vertrages die völlige Abrüstung der Festung. Sie war kein militärisches Objekt mehr. Von der Reichswehr noch einige Jahre als Genesungsheim genutzt, wurde die Festung Königstein bald endgültig ein Museumskomplex und der besuchteste Punkt des Elbsandsteingebirges. Otto Eduard Schmidt hat in seinen »Kursächsischen Streifzügen« die Stimmung beschrieben, die den Festungsbesucher erfasst: »Wer an einem schönen Sommernachmittag, etwa zur Zeit, wo die Sonne sich zum Untergange anschickt, seine noch immer mit einem festen Zinnenkranze eingefasste Plattform umwandert, dem bietet sich eine Reihe von entzückenden, unvergesslichen Bildern, namentlich nach Süden und Osten, wo die unermesslichen Wälder der linkselbischen Schweiz und dazwischen die kühn geformten Berghäupter und Felskuppen und die wild zerrissenen Züge der Schrammsteine sich immer greifbarer in ihren dunkelblauen Farbtönen auf dem goldenen Meer des Lichts herausheben, das den ganzen weiten Raum erfüllt.«

Das noch heute Besondere an der Festung Königstein besteht wohl weniger in den Mythen, die über sie im Umlauf sind, sondern eher in ihrer noch immer wehrhafen Gestalt und ganzen Monumentalität als lebendiges Denkmal sächsischer Geschichte. Jedenfalls brachte das so noch Ludwig Beyrich in seiner Königstein-Chronik 1842 zu Papier: »Hoch erhaben über allem Weltgetümmel schauet der Königstein in das Land hinein auf Fernen und Höh'n, in Nähen und Tiefen. Unbe-

kümmert um das Gewirre der Erde, bleibt er stets ruhig das alte greise Haupt, der König der Felsen, der Herrscher der Höhen, der Schirmer der Täler. Und ob Dörfer oder Städte oder Länder vergehen, oder ob Völker neu erstehen, es kümmert ihn nicht, er bleibt stets der alte, der er war und der er sein wird: der Schutz und Schirm vom Sachsenlande.«

Blick zum Königstein, Aufn. 2013, und Luftbild der Festung

Die dunkle Appareille (franz. Rampe) nach dem Haupttor, Aufn. 2013

Torhaus mit Haupttor und Streichwehr

Der ursprüngliche Zugang auf den Königstein war in mittelalterlicher Zeit vermutlich an der Südseite zwischen dem alten Zeughaus und der sogenannten »Zobels-Ecke«. Erst zum Ende des 16. Jahrhunderts ist dies geändert und dieser Zugang zu mittelalterlicher Burg und ehemaligem Kloster so zugebaut worden, dass er undurchlässig war. Dafür hat der kurfürstliche Baumeister Paul Buchner das Hauptgebäude an der stark zerklüfteten Westseite errichtet und darunter den einzigen Aufgang auf den Königstein neu angelegt. So entstand das sogenannte Torhaus ab 1588 und gleichzeitig die Streichwehr, ein schmaler und gleichhoher Flügelbau, der Torhaus und Kaiserburg verband. Im Herbst 1591 war das gesamte Bauwerk nahezu fertig. Im folgenden Jahr geschah der innere Ausbau.

Grabenschere mit Medusentor und königlich-polnischem, kurfürstlich-sächsischem Wappen, dahinter Holzrampe, Trockengraben und Torhaus mit Haupttor, Aufn. 2013

Die hölzerne Rampe
zum Haupttor,
rechte Seite:
Wagenwinde von 1877,
Aufn. 2013

Die Westfront des Torhauses ziert ein großes Renaissanceportal. Im Verlauf des 17. und 18. Jahrhunderts wurde der Zugang durch das Torhaus immer sicherer ausgestaltet. Nicht weniger als sechs Tore und zwei Zugbrücken mussten passiert werden, wenn man auf die Festung gelangen wollte.

Nach Durchschreiten des Haupttores gelangt man in die »dunkle Appareille«, ausgestattet mit einer oben im Gewölbe eingebauten Steinschmeiße und einer Pechnase, mit einem eisernen Tor und einer Fallpalisade. Am Ende der »dunklen Appareille« war eine Wagenwinde aus dem Jahr 1877 angebracht, mit deren Hilfe schwere Wagen und Kanonen auf die Festung gezogen wurden, denn für Pferde war der Aufgang viel zu steil.

Garnisonskirche

Von den Klostergebäuden, zu denen Herzog Georg am 13. Juli 1516 persönlich den Grundstein legte, ist nichts mehr erhalten. Auf den Grundmauern ließ Kurfürst August 1556 einen Stall errichten, der 1667 völlig verschwunden war. Auf den Ruinen des Ostflügels entstanden »Heu-Scheunen« und ein Backhaus, das später in eine Kaserne umgewandelt und als Wohnung für den Unterkommandanten genutzt worden ist. Auf den Fundamenten von Westflügel und Südflügel wurden 1735 eine Offizierskaserne und ein Proviantmagazin errichtet.

Zu einem eigenen Kirchenbau für das Kloster ist es nicht gekommen. Diese Funktion erfüllte eine Kapelle der böhmischen Königs- bzw. Kaiserburg. Das ergab, wie Angelika Taube schreibt, »eine Untersuchung der Garnisonskirche, in der noch romanische Bausubstanz erhalten ist. Die den Triumphbogen tragenden Säulen, das Chorfenster, Kämpferprofile und ein Türbogenfeld an der äußeren Südwand konnten eindeutig als romanisch identifiziert werden. Die Kapelle ... muss um 1200 entstanden sein. Sie stellt damit ungeachtet aller späteren Um- und Anbauten das älteste Architekturdenkmal der Burg bzw. Festung dar.« Am 16. Oktober 1676 fand in Anwesenheit des sächsischen Hofes die feierliche Weihe der Kirche als Sankt-Georgskapelle und erste Garnisonskirche in Sachsen statt. Nach 1945 fremd genutzt, konnte die Kirche erst nach umfassender Restaurierung und Neuausstattung zu Pfingsten 2000 wieder für Gottesdienste, Trauungen und Konzerte in Dienst genommen werden.

Die Garnisonskirche nach ihrer Restaurierung 2000, Aufn. 2013

Brunnenhaus

Nach dem Tod von Kurfürst Moritz am 10. Juli 1553 übernahm sein fünf Jahre jüngerer Bruder August die Regentschaft. Das erst sechs Jahre vorher entstandene albertinische Kurfürstentum Sachsen musste nach dem Schmalkaldischen Krieg und der Schlacht von Sievershausen vor möglichen militärischen Aktionen der Gegner der Albertiner geschützt werden. Dazu gehörte entsprechend der damaligen Kriegstechnik der Auf- und Ausbau von verteidigungsfähigen Festungen. So verfolgte Kurfürst August den Plan, den Königstein zur Landesfestung auszubauen. Dazu war eine konstante Wasserversorgung auch bei einer längeren Belagerung der Festung notwendig, die bei der naturgegebenen Situation nur durch einen Brunnenbau erreicht werden konnte. Der Kurfürst erteilte also 1562 seinem

Das Brunnenhaus von Jean de Bodt, Aufn. 2013

Freiberger Bergmeister Planer den Befehl zum Abteufen eines solchen Brunnens. Nach sieben Jahren mühevoller Arbeit der Häuer aus dem Marienberger Bergrevier war das Ziel erreicht. Zum Schutz des Brunnens und zur Unterbringung des Hebewerkes in Gestalt eines Göpels wurde ein Holzbau errichtet. Nach vier Jahren musste bereits ein zweites Brunnenhaus gebaut werden, da das erste zerstört worden war. Schließlich wurde 1589/90 nach dem Vorbild des Augustusburger Brunnenhauses das Brunnenhaus auf dem Königstein verändert.

Reichlich einhundert Jahre später war das Brunnenhaus recht baufällig und damit reparaturbedürftig geworden. Da sich auch die Geschütztechnik enorm entwickelt hatte und die Gefahr bestand, dass bei einer Belagerung der Festung der Brunnen zerschossen werden könnte, forderten seit etwa 1700 die Festungskommandanten einen Neubau des Brunnenhauses mit einer gewölbten steinernen Decke. 1715 erhielt Matthäus Daniel Pöppelmann den Auftrag zum Bau eines solchen bombensicheren Gebäudes, das auch errichtet wurde. Aber bereits 1734 kamen die kursächsischen Militärs zu der Auffassung, dass auch dieses Pöppelmannsche Brunnenhaus nicht sicher vor einer Zerstörung sei. Deshalb erhielt Jean de Bodt den Auftrag zu einem Neubau, der 1735 mit dem Abriss des vierten Brunnenhauses begann. Es entstand ein nunmehr fünftes Brunnenhaus, das noch heute existiert. Es besitzt ein steinernes Gewölbe, im Scheitel mit einer Dicke von vier Metern.

Georgenburg

Georgenburg mit Georgenbastion, Aufn. 2013

Der weithin sichtbare Gebäudekomplex der Festung ist die Georgenburg. Ihr Ursprung liegt mit Gewissheit in der hochmittelalterlichen Burganlage des 12./13. Jahrhunderts, auf der Karl IV., König von Böhmen und römisch-deutscher Kaiser, nach der Mitte des 14. Jahrhunderts einen neuen ausgedehnten Burgbezirk anlegen ließ. Der zum Königreich Böhmen gehörende Königstein war ihm eine wichtige Station auf dem Weg seiner Expansionsbestrebungen entlang der Elbe bis nach Tangermünde als seiner Residenz in der Mark Brandenburg. Deshalb trugen diese Gebäude noch bis zum Beginn des 17. Jahrhunderts die

Bezeichnung »Kaiserburg«. Nach einer wegen weniger noch vorhandener Architekturteile anzunehmenden Erneuerung in der zweiten Hälfte des 15. Jahrhunderts erfolgte unter Kurfürst Johann Georg I. nach 1612 der Umbau des spätgotischen Baues in einen Renaissancebau. Er erhielt nach seiner Einweihung 1619 den Namen »Georgenburg« und heißt heute noch so. Dabei blieben Erdgeschoss und Obergeschoss im Wesentlichen unverändert erhalten. Allein der nördliche Teil mit der Wendeltreppe wurde turmartig erhöht. Um eine bessere Verbindung der Räume zu erhalten, wurde eine dreigeschossige gewölbte Arkadenhalle an der Nordseite angebaut.

»Hungerturm« vor der Georgenburg, Aufn. 2013

Auch im 17. Jahrhundert erfolgten keine Eingriffe in die Georgenburg. Sie diente dem kurfürstlichen Hof der Wettiner als Jagdschlösschen. Erst im 18. Jahrhundert waren umfangreichere Reparaturen notwendig, mit deren Ausführung August der Starke seinen Oberlandbaumeister Pöppelmann beauftragte. Nach dem Brand von 1806, dem auch der obere Teil des Gebäudes zum Opfer fiel, wurde die Georgenburg in ihrer heutigen Gestalt wieder hergerichtet.

Seit der Regierungszeit von August dem Starken diente die Georgenburg zu einem Teil als Staatsgefängnis und wurde im Inneren entsprechend baulich verändert. Kleine Zellen mit ausbruchsicheren Türen und vergitterten Fenstern prägten das Aussehen diesen Teils. In einem anderen Teil des Gebäudes waren die Wachmannschaften und die Festungsverwaltung untergebracht. Heute befindet sich die gesamte Verwaltung des Festungsmuseums Königstein in den Räumlichkeiten der Georgenburg.

Christiansburg – Friedrichsburg

Als sich Kurfürst Christian I. nach seinem Regierungsantritt im Jahr 1586 entschlossen hatte, die Pläne seines Vaters zum Ausbau des Königsteins als Landesfestung in die Tat umsetzen zu lassen, wurde in der Mitte der Nordseite der Festung auf einer Felsnase ein kleines zweigeschossiges Lusthaus geplant. Am 10. Mai 1589 legte der Kurfürst eigenhändig dafür den Grundstein. Das Lusthaus war zugleich Befestigungsbau, Flankierungs- und Beobachtungsturm, im Erdgeschoss mit Geschützen bestückt und im Kellergeschoss mit Schießscharten versehen. In diesem Lusthaus, das bald den Namen »Christiansburg« trug, fanden

Die Friedrichsburg und ihr Festsaal, Aufn. 2014

im Obergeschoss höfische Festlichkeiten statt, von denen vor allem solche von Kurfürst Johann Georg II. nach der Mitte des 17. Jahrhunderts überliefert sind.

August der Starke ließ das Lusthaus zu einem barocken Pavillon umgestalten und mit einer doppelten, zweiarmigen Freitreppe versehen, die dem Gebäude noch heute einen künstlerischen Wert verleiht. Diese Christiansburg, die unter Kurfürst Friedrich August I. eine neue Gestalt annahm, nannte man nach 1730 die »Friedrichsburg«. Nach dem Brand von 1744 infolge eines Blitzschlages wurde der Pavillon erst 1767/68 wieder hergerichtet, ohne dass im Inneren die Spiegel und die eingebaute Attraktion der »Maschinentafel« für die Gäste – ein Tisch, der im Erdgeschoss gedeckt und mittels Hebewerk in den Festsaal im Obergeschoss befördert werden konnte –, erneuert wurden.

Proviantmagazin – Magdalenenburg

Zu der mittelalterlichen Burganlage gehörte ein »Brauhaus«, das im 15. oder Anfang des 16. Jahrhunderts nur noch in wenigen ruinösen Mauerresten vorhanden war. Der in den Fels geschlagene Keller war jedoch noch funktionsfähig. Zwischen 1589 und 1592 wurden die Kellerräume tiefer in den Fels gebrochen und neue Keller angelegt. 1621/22 ließ Kurfürst Johann Georg I. über den als Weinkeller genutzten Kellerräumen ein zweigeschossiges Gebäude errichten, das als Wohnungen für die kurfürstliche Familie sowie für die Angehörigen des Hofstaates bestimmt war. Die mächtigen Kellerräume dienten als Proviantlager. Über den an das Renaissanceschlösschen angebauten Treppenturm mit dem Wendelstein gelangte man in das erste und zweite Stockwerk. Kurfürst Johann Georg II. veranlasste, dass in den Jahren 1676 bis 1680 weitere Umbauten zum Einbau eines größeren Weinfasses im Keller erfolgten. Noch bevor die Baumaßnahmen abgeschlossen waren, wurde anlässlich der Kirchweihe als Sankt-Georgskapelle 1676 das Provianthaus auf Veranlassung von Kurfürst Johann Georg II. zu Ehren seiner Mutter Magdalena Sibylla von Brandenburg sowie seiner Gemahlin Magdalena Sibylla Markgräfin von

Zugang zum ehemaligen Weinkeller, Aufn. 2013

Magdalenenburg, 1819 Umbau zum Proviantmagazin, Aufn. 2013

Brandenburg-Bayreuth in Magdalenenburg umbenannt. In den Wohnetagen gab es eine große Küche, eine Hofstube sowie etliche Gemächer und Kammern.

Als 1819 das dritte riesige Weinfass aus den Zeiten Augusts des Starken wegen Baufälligkeit abgebrochen werden musste, kam es danach zu einem nochmaligen Umbau des Gebäudes. Es wurde nunmehr zu einem bombenfesten Proviantmagazin zur Lagerung von Lebensmitteln umgestaltet, mit massiven Gewölben, dicken Außenmauern und kleinen Fenstern.

Kommandantenhaus

Das Kommandantenhaus ist der südwestliche Flügel des Torhauses. Beyrich beschreibt es in seiner Chronik 1842 so: »Noch südlicher stößt an die Proviantverwalterei das Kommandantenhaus, eine sehr geräumige, viele Zimmer enthaltende Wohnung, welche in der neuern Zeit zugleich zur Aufnahme für den Besuch von Seiten des Hofes bestimmt ist. Ein im Erdgeschoss befindlicher Saal, der Regentensaal, bewahrt die Bildnisse der Regenten Sachsens und ein anderer die der Kommandanten des Königsteins auf.«

Neues Zeughaus, einst Heldensaal

Als Heldensaal wurde der »Johannis-Saal« im Anschluss an den Mittelbau des Torhauses bezeichnet. Das südöstlich an einen inneren Teil des Kommandantenhauses angebaute Gebäude soll nach der Chronik von Beyrich 1613 und nach den Untersuchungen von Schuster auf Anweisung von Kurfürst Johann Georg I. im Jahre 1631 durch den Generalzeugmeister Oberst Johann Melchior von Schwalbach errichtet worden sein. Der 40 Meter lange und 14 Meter breite Saal lag im Erdgeschoss und wurde zu Festivitäten genutzt. Bis 1728 befanden sich darin die Porträts der kursächsischen Generäle sowie der Markgrafen von Meißen und Kurfürsten von Sachsen, daher Heldensaal genannt. Der Fußboden dieses Saales war so eingerichtet, dass er aufgehoben und die darunter befindliche dunkle Appareille zusätzlich verteidigt werden konnte. Um 1790 überspannte man diesen Festungsaufgang unter dem Johannis-Saal mit mächtigen Gurtbögen und Kreuzgewölben wegen der Sicherheit bei einem möglichen Artilleriebeschuss.

Kommandantenhaus und Neues Zeughaus, ursprünglich Johannis-Saal oder Heldensaal, Aufn. 2014

Kasernengebäude

Der zur Landesfestung ausgebaute Königstein erhielt natürlich eine ständige militärische Besatzung. Dafür ist in den Jahren 1589/90 ein Kasernengebäude errichtet worden, das später als Kaserne A bezeichnet wurde. Dieses »Lange Haus für die Garde« ist über 100 Meter lang, enthielt 64 etwa gleichgroße gewölbte Räume. Schon im Frühjahr 1590 wurde die Kaserne bezogen. Die kurz nach 1700 erfolgte personelle Verstärkung der Garnison auf 300 Mann erforderte eine Vergrößerung dieser Kaserne oder den Bau einer neuen. Zunächst stockte man 1715/16 die alte Kaserne auf. Ab den 1720er Jahren wurden dann auf den Grundmauern des Klosters weitere Kasernen errichtet. So entstanden 1738 die Kasernen C, D und F. In Kaserne C waren die Offiziere des Ingenieurkorps und der Infanterie untergebracht. In Kaserne D wohnten der Kommandant und der Leutnant der Artillerie. Die Kaserne F wurde zunächst als Proviantmagazin genutzt, bevor man sie 1819 als Unterkunft für die gesamte Infanterie umgestaltete. Schließlich ist 1746 die Kaserne E hinzugefügt worden. Darin fanden das Lokal der Hauptwache, das Festungsrestaurant und die Wohnungen einiger Festungshandwerker ihren Platz.

Die zweite Hälfte des 19. Jahrhunderts zog mit der technisch Entwicklung des Geschützwesens grundlegende Verän-

Alte Kaserne, auch Kaserne A genannt, auf 1589/90 zurückgehend, später aufgestockt, Aufn. 2013

Die Mannschaftsbaracke von 1899 bot in sechs Räumen Platz für 67 Soldaten, Aufn. 2013

derungen in der Unterbringung der Festungsbesatzung nach sich. Die alten Kasernen boten keinen ausreichenden Schutz mehr und fielen sämtlich dem Umbau der Festung zum modernen Sperrfort zum Opfer. Ab 1880 wurden drei neue unterirdische und beschussfeste »Kriegskasernen« gebaut. Kaserne B entstand 1897 zur Unterbringung verheirateter Unteroffiziere.

Beschussfestes Schatzhaus, erbaut 1854/55, diente u. a. zur Aufbewahrung des sächsischen Staatsschatzes, Aufn. 2013

Kasematten

Die ersten Kasematten, d. h. beschussfeste gewölbte Räume in Festungen, entstanden auf dem Königstein an der West- und Südseite in der Regentenzeit von Kurfürst Christian I. und Kurfürst Christian II. Nach fast zweihundert Jahren ihrer Existenz bedurften die Bauwerke einer gründlichen Instandsetzung. Dies wurde unmittelbar nach Beendigung des Siebenjährigen Krieges in Angriff genommen. 1767 begann man mit dem Bau des Kasemattenabschnitts an der Süd-Westseite. Diese große Baumaßnahme konnte erst 1832 abgeschlossen werden.

Die Kasematten sind unterschiedlich angeordnet, in ein, zwei oder drei Etagen. Beim Offizierskasino, gegenüber der Kriegskaserne II, wurde eine um 1600 angelegte Kasematte zu einer bombensicheren Bäckereikasematte umgestaltet.

Kranichkasematte, Aufn. 2013

Geschossmagazin / ehemaliges beschussfestes Kriegspulvermagazin Nr. 2, Aufn. 2013

Die Kriegskaserne II, eine Kasemattenanlage von 1880, Aufn. 2013

Altes Zeughaus

Das Alte Zeughaus entstand 1594 nach Plänen des Baumeisters Paul Buchner. Es war eines der ersten Festungsgebäude auf dem Königstein, das dem Zweck der Waffenaufbewahrung diente. Das Gebäude besitzt an den Giebelseiten die typischen Rustikaportale der Renaissance. Bereits im 17. und 18. Jahrhundert waren darin auch historische Waffen und Trophäen ausgestellt, die besonderen Gästen wie dem russischen Zaren Peter I. gern gezeigt wurden. Der Chronist Beyrich berichtete 1842: »In ihm (dem Alten Zeughaus, R. G.) wird das meiste schwere Geschütz aller Art aufbewahrt und auf dem großen Saale im obern Gestock wurden ehedem mancherlei altertümliche Merkmale, Waffen und Armaturen verschiedener Nationen aus der Vorzeit, so in Kriegen erbeutet worden waren, aufbewahrt.«

In das Obergeschoss wurden 1873 15 Arrestzimmer eingebaut, in denen die von sächsischen Gerichten zu Festungshaft Verurteilten untergebracht wurden. Zu einem der ersten Gefangenen, die hier einen Teil ihrer Festungshaft absitzen mussten, gehörte August Bebel. Während des Ersten und Zweiten Weltkrieges waren in diesen Arrestzimmern russische und französische Offiziere als Kriegsgefangene untergebracht.

Altes Zeughaus,
Aufn. 2013

Festungsplan Königstein

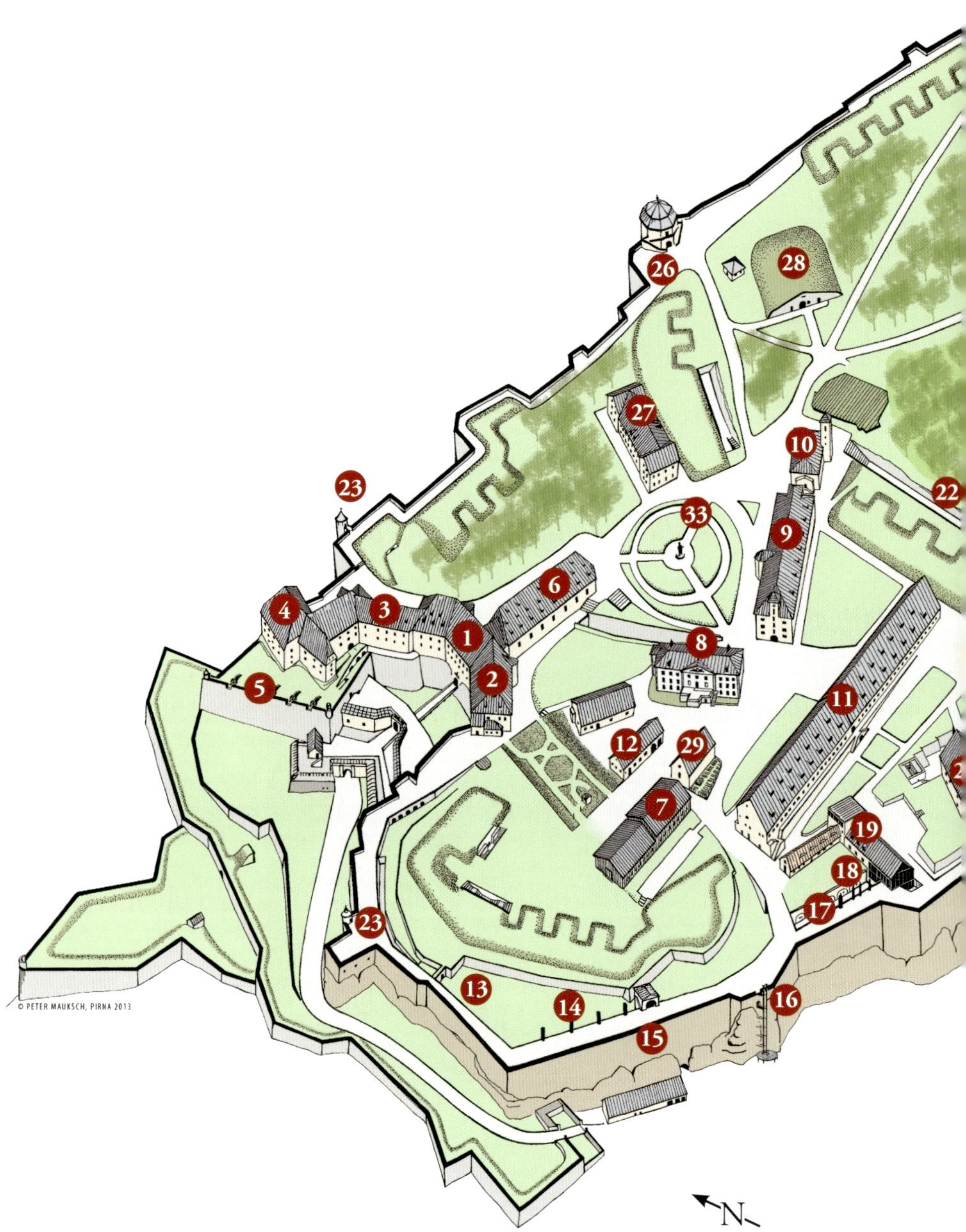

Lageplan der Gebäude

1 Torhaus über der dunklen Appareille
2 Kommandantenhaus
3 Streichwehr
4 Georgenburg
5 Georgenbastion
6 Neues Zeughaus (Heldensaal)
7 Mannschaftsbaracke
8 Brunnenhaus
9 Magdalenenburg (Proviantmagazin)
10 Garnisonskirche
11 Alte Kaserne
12 Hauptwache
13 Kaserne IV
14 Kriegskaserne III
15 Personen- und Lastenaufzug
16 Panoramaaufzug, Kranichplateau
17 Bäckereikasematten
18 Kriegskaserne II
19 Offizierskasino (Restaurant)
20 Altes Zeughaus
21 ehemaliger Burgeingang
22 Kriegskaserne I
23 Wachtürme
24 Abratzky-Kamin
25 Königsnase
26 Friedrichsburg
27 Kaserne B
28 Geschossmagazin
29 Schatzhaus
30 Kriegspulvermagazin
31 Friedenslazarett
32 Artillerieschuppen
33 Augustusplatz

Nach 600	Besiedlung des Raumes zwischen Saale und Elbe sowie der Lausitzen durch slawische Stämme.
929	Kriegszug von König Heinrich I. gegen die Daleminzier und Eroberung von deren Hauptburg Gana (Burgberg in Hof zwischen Oschatz und Riesa), Errichtung der Burg Meißen und Bildung der Ostmark.
965	Aufteilung der Ostmark als Grenzland zum Königreich Polen und Herzogtum Böhmen in mehrere Markengebiete, Einrichtung der Mark Meißen mit Einsetzung eines Markgrafen.
968	Gründung des Bistums Meißen.
984	Böhmenherzog Boleslaw II. erobert die Burg Meißen.
985	Ekkehard I. wird Markgraf von Meißen und Rückeroberung der Mark Meißen von Böhmenherzog Boleslaw II.
1031	Friede von Bautzen – endgültige Bestätigung der deutschen Herrschaft in der Mark Meißen.
1089, Febr.	Kaiser Heinrich IV. belehnt den Markgrafen der Niederlausitz Heinrich I. von Eilenburg aus dem Hause Wettin mit der Mark Meißen.
Nach 1100	Beginn des umfassenden Landesausbaues in Verbindung mit dem Aufbau der wettinischen Landesherrschaft und der umfassenden Christianisierung.
1243/1247	Erwerb der Landgrafschaft Thüringen durch den Markgrafen von Meißen Heinrich den Erlauchten.
Nach 1288	Krise der wettinischen Landesherrschaft.
1307, Ende Mai	Schlacht bei Lucka mit Sieg von Markgraf Friedrich dem Freidigen und Diezmann über eine königliche Streitmacht – damit Sicherung der wettinischen Landesherrschaft.
1309, Dez. 19.	Vertrag von Prag: Anerkennung der erblichen Herrschaft der Wettiner durch König Johann von Böhmen.

Nach 600	Aus Böhmen vordringende lockere slawische Besiedlung in einem schmalen Streifen beiderseits der Elbe zwischen Tetschen und Dresden.
Nach 950	Gestaltung der Burgwardverfassung im Gau Nisan bis an den Grenzraum zum Herzogtum Böhmen. Das Territorium südlich des Burgwards Dohna gehört zu Böhmen. Unter Herzog Boleslaw II. (967–999) wird Böhmen ein Teil des deutschen Königreiches.
Um 1081	Herzog Wratislaw II. erhält von Kaiser Heinrich IV. die Hoheit über den Gau Nisan.
1085	Böhmenherzog Wratislaw II. (1061–1092) wird König von Böhmen.
1121	Wiederaufbau der zerstörten Burg Dohna durch Wratislaw I.
1135	Nach dem Tod von Kaiser Heinrich V. fallen dessen formelle Rechte an dem Gau Nisan an den böhmischen Herzog Sobeslaw.
1144	König Konrad III. setzt Heinrich von Rötha als Burggraf zu Dohna ein.
Nach 1228	Bedrängung Nordböhmens durch Tatareneinfälle unter Batu Khan.
1233	Erste urkundliche Erwähnung des Königsteins: Burggraf Gebhard vom Stein tritt als Zeuge in einer Urkunde König Wenzels von Böhmen auf.
1241, Mai 7	König Wenzel I. von Böhmen (1205–1253) stellt »in lapide regis« (auf dem Stein des Königs) die sogenannte Oberlausitzer Grenzurkunde aus.
1285	Steinburg auf dem Königstein als Sitz eines durch den böhmischen König eingesetzten Burggrafen.
1289	Vertrag zwischen Markgraf Albrecht II. von Meißen und König Wenzel II. von Böhmen nennt ein »castrum in lapide«.
1336	Name »chunigstein« erstmals urkundlich überliefert.

1348, Dez. 21	Bündnisvertrag zwischen Kaiser Karl IV. und Markgraf Friedrich II. mit gegenseitiger Anerkennung ihres Besitzstandes.
1356	Erlass der Goldenen Bulle durch Kaiser Karl IV.
1382	Chemnitzer Teilung: die wettinischen Lande werden in die Teile Landgrafschaft Thüringen, Markgrafschaft Meißen und das Osterland gegliedert.
1382–1407	Wilhelm I., Sohn von Markgraf Friedrich III., regiert als Markgraf von Meißen.
1402	Dohnaische Fehde – Markgraf Wilhelm I. nimmt die Burggrafschaft Dohna, die teilweise böhmisches Lehen war, in wettinischen Besitz Dippoldiswalde, Gottleuba und Rabenau kommen zur Markgrafschaft Meißen.
1404	Der Königstein und die Pflege Königstein gelangen in wettinischen Besitz. Pfandweise Übernahme von Stadt und Pflege Pirna.
ab 1419	Teilnahme der Markgrafen Friedrich IV. und Wilhelm II. am militärischen Kampf gegen die hussitische Bewegung.
1423, Jan. 6	Belehnung von Markgraf Friedrich IV. mit dem Herzogtum Sachsen-Wittenberg und der Kurwürde durch König Sigismund – die Wettiner werden Kurfürsten von Sachsen-Wittenberg.

1359, Aug. 5–8	Kaiser Karl IV. hält sich zwei Wochen auf dem Königstein in der »Kaiserburg« auf.
1379, April 28	König Wenzel IV. verpfändet den Königstein (»Kunigstein mit dem stetil«) an seinen Kammermeister Thimo von Colditz. Ersterwähnung der Stadt.
1391	König Wenzel IV. löst die Pfandschaft über den Königstein wieder ein.
1396	Erneute Verpfändung des Königsteins an Thimo von Colditz.
1398	Verpfändung des Königsteins an Burkhard Strnad von Janowitz. Einsetzung des Burggrafen Jeschke von Dohna als Burggraf des Königsteins und der Pflege Königstein.
Ab 1401	Dohnaische Fehde: Militärisches Vorgehen von Markgraf Wilhelm I. von Meißen gegen die Landfriedensbrecher Burggraf Jeschke von Dohna und seine Brüder.
1401, Spätsommer	Markgraf Wilhelm I. von Meißen belagert die Burg Dohna.
1402, Juni 19	Einnahme der Burg Dohna durch Markgraf Wilhelm I. von Meißen, Jeschke von Dohna und seine Anhänger fliehen auf den Königstein.
1403, Mai 23	Fehdebrief der Anhänger des Dohnaer Burggrafen an Markgraf Wilhelm I. Danach Belagerung der Feste Königstein durch markmeißnische Truppen unter dem Befehl von Hugold von Schleinitz und Günter d. Ä. von Bünau.
1403, Dez.	Jeschke von Dohna flieht zu König Sigismund von Ungarn, wo er aber in Ofen (Budapest) als Landfriedensbrecher enthauptet wird.
1405, Sept. 28	Markgraf Wilhelm I. löst Stadt und Amt Pirna sowie Gottleuba aus der Pfandschaft des Jan von Wartenberg aus böhmischem Besitz.
1406, März	Kapitulation der Besatzung der Feste Königstein.
1407	Rückeroberung des Königsteins durch böhmische Truppen.
1408	Erneute Einnahme des Königsteins durch markmeißnische Truppen. Feste und Pflege Königstein kommen dauerhaft in wettinischen Besitz.

1445	Altenburger Teilung: das Kurfürstentum Sachsen wird zwischen Kurfürst Friedrich II. und Herzog Wilhelm II. aufgeteilt.
1446–1451	Sächsischer Bruderkrieg.
1459, April 25	Vertrag von Eger zwischen dem König von Böhmen Georg Podiebrad, Kurfürst Friedrich II. und Wilhelm II. mit der endgültigen Klärung der gegenseitigen territorialen Ansprüche.
1485, Nov.	Leipziger Teilung: dauerhafte Trennung des Kurfürstentums Sachsen in das ernestinische Kurfürstentum Sachsen und das albertinische Herzogtum Sachsen.
1500–1539	Regierungszeit von Herzog Georg dem Bärtigen. Kampf gegen die lutherische Reformation ab Oktober 1517.
1539	Tod von Herzog Georg. Unter seinem Nachfolger Herzog Heinrich dem Frommen Einführung der Reformation im albertinischen Herzogtum Sachsen.
1541	Tod von Herzog Heinrich dem Frommen.
1541–1553	Regierungszeit von Moritz, dem ältesten Sohn von Herzog Heinrich.
1546/47	Schmalkaldischer Krieg: Kaiser Karl V. im Bündnis mit Herzog Moritz gegen den Schmalkaldischen Bund unter Führung von Kurfürst Johann Friedrich dem Großmütigen und Landgraf Philipp von Hessen.
1547, Mai 19	Wittenberger Kapitulation. Kaiser Karl V. belehnt Herzog Moritz mit dem Herzogtum Sachsen-Wittenberg und der Kurwürde. Begründung des albertinischen Kurfürstentums Sachsen.
1553, Juli 17	Tod von Kurfürst Moritz nach der Schlacht von Sievershausen. Herzog August, jüngerer Bruder von Moritz, tritt die Nachfolge als Kurfürst an.
1554, Febr. 24	Naumburger Vertrag zwischen Kurfürst August und Herzog Johann Friedrich dem Großmütigen. Anerkennung der Wittenberger Kapitulation durch die Ernestiner mit endgültiger territorialer Abgrenzung zwischen Albertinern und Ernestinern.

1459	Vertrag von Eger zwischen Georg Podiebrad von Böhmen und Kurfürst Friedrich II. von Sachsen. Der Königstein bleibt unter böhmischer Lehnshoheit in wettinischem Besitz.
1485, Nov.	Leipziger Teilung. Der Königstein, die Pflege Königstein und das Amt Pirna werden Teil des albertinischen Herzogtums Sachsen.
1505	Erster Versuch einer Klostergründung auf dem Königstein durch Herzog Georg.
1516, Juli 13	Zweiter Versuch einer Klostergründung auf dem Königstein. Grundsteinlegung für Gebäude des Klosters des Lobes der Wunder Mariä durch Herzog Georg.
1516, Dez. 8	Zwölf Mönche des Cölestiner-Ordens ziehen unter ihrem Prior vom Kloster Oybin auf den Königstein.
1523, Okt.	Prior Johannes Mantel und ein Mönch verlassen das Kloster und gehen nach Wittenberg zu Martin Luther.
1523, Dez.	Sieben weitere Mönche verlassen das Kloster.
1524, Sommer	Herzog Georg schließt das Kloster. Der Königstein wird wieder »castellum«.
1536	Die Einkünfte des Klosters werden dem Jakobihospital in Dresden überwiesen.
1539	Herzog Heinrich setzt Wolf Helfant als Hauptmann des Königsteins und einer kleinen Besatzung ein.

1574	Verfolgung der Kryptokalvinisten in Kursachsen, Gründung des Geheimen Rates als oberste Zentralbehörde.
1586, Febr. 11	Tod von Kurfürst August, Kurfürst Christian I. tritt die Nachfolge an.
1587–1591	»Zweite Reformation« in Kursachsen, Nikolaus Krell wird Kanzler. Unter seinem Einfluss frühabsolutistische Politik.
1591, Sept. 24	Tod von Kurfürst Christian I., Christians unmündiger Sohn Christian II. tritt unter Vormundschaft des Ernestiners Herzog Friedrich Wilhelm die Regierung an.
1591, Okt. 24	Verhaftung von Kanzler Krell und Prozess gegen ihn wegen kryptokalvinistischer Bestrebungen.
1601, Sept. 29	Öffentliche Enthauptung von Nikolaus Krell auf dem Dresdner Neumarkt.
1611, Juni 6	Tod von Kurfürst Christian II., Kurfürst Johann Georg I., jüngerer Bruder von Christian II., wird Nachfolger.
1617, Juli 25–Aug. 13	Besuch von Kaiser Matthias II. in Dresden, um Kurfürst Johann Georgs I. Stimme für die Wahl Ferdinands zum römischen König zu gewinnen.
1620, Aug. 26	Kurfürst Johann Georg I. ergreift die Partei des Kaisers und beteiligt sich am Krieg gegen die evangelischen böhmischen Stände – Besetzung der Ober- und Niederlausitz sowie Schlesiens.
1621, Febr. 21	Dresdner Akkord, mit dem die böhmischen Nebenländer Markgraftum Oberlausitz und Markgraftum Niederlausitz an Kursachsen kommen.

1556	Kurfürst August ernennt Hans von Eberstein zum Kommandanten der Festung, Errichtung erster Festungsbauten.
1562	Befehl von Kurfürst August zum Bau eines Brunnens.
1563–1569	Brunnenbau unter Leitung des Freiberger Bergmeisters Martin Planer mit einer Tiefe von 152,5 Metern.
1567, Sept.	Gutachten von Baumeister Paul Vogel und Architekt Petrus Ferrabosco für Kurfürst August zum Ausbau des Königsteins als Hauptfestung des Kurfürstentums Sachsen.
1587–1594	Realisierung der Baupläne unter Leitung von Zeugmeister Paul Buchner und Hans Irmisch mit der Errichtung von Torhaus, Streichwehr, Alter Kaserne, Christiansburg und Altem Zeughaus.
1588	Oberhofprediger Dr. Martin Mirus ist der erste Strafgefangene auf dem Königstein (29. Juli–16. November).
1589, Mai 10	Grundsteinlegung für die Christiansburg, die spätere Friedrichsburg, durch Kurfürst Christian I. im Beisein von Kanzler Krell.
1591, Nov. 17– 1601, Sept. 22	Kanzler Dr. Nikolaus Krell als Staatsgefangener auf der Festung, untergebracht im östlichen Turm der Georgenburg, dem Krellturm (1806 abgebrannt).
1610, Juni 8	Festungskommandant Hauptmann Wolf Dietrich Beon wird wegen Veruntreuung von Festungsgeld und Festungsinventar hingerichtet.
Nach 1611	Umbau der mittelalterlichen Kaiserburg zu einem prachtvoll ausgestatteten Renaissancegebäude, der späteren Johann-Georgenburg.
1617, Juli 24/25	Kaiser Matthias II. zu Besuch auf der Festung.
1619, Juli 27–31	Festliche Einweihung der Johann-Georgenburg durch Kurfürst Johann Georg I. in Anwesenheit der Familie, des Hofes und von Oberhofprediger Matthias Hoe von Hoenegg.
1621–1622	Errichtung des Proviantauses, später Magdalenenburg genannt.

Nach 1622	Ansiedlung von etwa 150 000 Menschen evangelischen Glaubens aus Böhmen in Kursachsen (böhmische Exulanten).
1635, Mai 30	Prager Frieden (Separatfrieden) zwischen Kaiser Ferdinand II. und Kurfürst Johann Georg I.
1645, Aug. 27	Waffenstillstand von Kötzschenbroda als Separatfrieden zwischen Kursachsen und Schweden.
1656, Okt. 8	Tod von Kurfürst Johann Georg I., Kurfürst Johann Georg II. tritt die Nachfolge an.
1656/1657	In Realisierung des Testaments von Kurfürst Johann Georg I. werden die Sekundogenitur-Fürstentümer Weißenfels, Merseburg und Zeitz errichtet.
1672 und 1678	»Durchlauchtigste Zusammenkünfte«, die Hoffeste als Mittel der Politik in der Regierungszeit von Kurfürst Johann Georg II.
1680, Aug. 21	Tod von Kurfürst Johann Georg II., Kurfürst Johann Georg III. tritt die Nachfolge an.
1681/82	Errichtung des stehenden Heeres in Kursachsen.
1683, Sept.	Teilnahme des kursächsischen Heeres mit ca. 11 000 Soldaten an der Befreiung Wiens von der türkischen Belagerung unter Kara Mustapha.
1689, April 3	Erklärung des Reichskrieges gegen Frankreich. Die Reichsarmee steht unter dem Oberbefehl von Kurfürst Johann Georg III.
1691, Sept. 12	Tod von Kurfürst Johann Georg III. in Tübingen, Kurfürst Johann Georg IV. tritt die Nachfolge an.
1694, April 27	Tod von Kurfürst Johann Georg IV. im Alter von 26 Jahren, Kurfürst Friedrich August I. tritt als jüngerer Bruder die Nachfolge an – Beginn des »augusteischen Zeitalters«.

1624	Einbau des ersten großen Weinfasses in das Provianthaus.
1632, Okt. 27	Der als kaiserlicher Spion 1631 in Leipzig enttarnte Prager Jurist Joachim Kratz wird auf Befehl von Kurfürst Johann Georg I. von Hohnstein auf den Königstein gebracht. Auf Ansuchen von Kaiser Ferdinand III. wird Kratz am 15. März 1650 freigelassen.
1651, Dez. 11	Erster Gottesdienst in der auf Befehl von Kurfürst Johann Georg I. aus- und umgebauten ehemaligen Klosterkapelle St. Georg.
1670–1676	Umfangreiche Baumaßnahmen an der Kapelle St. Georg.
1671	Erste Anstellung eines Garnisonspredigers.
1676, Okt. 16	Feierliche Weihe der Kapelle St. Georg als erste Garnisonskirche in Sachsen in Anwesenheit von Kurfürst Johann Georg II. und des Hofstaates. Anlässlich der Kirchenweihe wird zu Ehren der Mutter von Kurfürst Johann Georg II. und dessen Ehefrau das Provianthaus in Magdalenenburg umbenannt.
1678	Einbau des zweiten großen Weinfasses in die Magdalenenburg.
1681	Ausbau des kleinen Turms an der St. Georgskapelle zum Glockenturm.
1687	Von den 32 Glocken des Glockenspiels vom Dresdner Schlossturm werden drei Glocken auf den Königstein gebracht.
1687, Juni 24	Erstmals läuten die drei Glocken vom Kirchturm der Festung.
1694, Ende April	Ursula Margarete von Neitschütz und Kammerpräsident Ludwig Gebhard von Hoym nach dem Tod von Kurfürst Johann Georg IV. als Gefangene auf der Festung.

1696, Juni 17	Tod des polnischen Königs Johann IV. Sobieski.
1697, Juni 27	Wahl von Kurfürst Friedrich August I. zum polnischen König August II. Begründung der Sächsisch-Polnischen Union.
1698	Zar Peter I. von Russland weilt mit der »Großen Gesandtschaft« auf der Rückreise von Holland nach Russland in Dresden.
1699	Koalition von Sachsen-Polen, Dänemark-Norwegen und Russland gegen Schweden.
1700, Febr. 11	Beginn des Nordischen Krieges, der erst mit dem Frieden von Nystad am 21. September 1721 beendet wird.
1706, Febr. 13	Schlacht bei Fraustadt. Karl XII. von Schweden besiegt erneut die kursächsische Armee, anschließend Besetzung Kursachsens durch die schwedische Armee.
1706, Sept. 24	Altranstädter Frieden zwischen Karl XII. von Schweden und Kurfürst Friedrich August I., ausgehandelt durch die Unterhändler Freiherr von Imhoff und Georg Ernst Pfingsten.
1707, Aug.	Karl XII. von Schweden verlässt mit seiner Armee Kursachsen und zieht gegen Russland.
1709, Juli 8	Vernichtende Niederlage der schwedischen Armee durch die russische Armee in der Schlacht von Poltawa. August der Starke ist wieder König von Polen.
1719, Sept.	Vermählungsfeierlichkeiten in Dresden für den Sohn Augusts des Starken Friedrich August und Maria Josepha, die Tochter des Kaisers Joseph I.
1728, Okt. 16	Handelsvertrag zwischen Kursachsen und Brandenburg-Preußen, Besuch des preußischen Königs Friedrich Wilhelm I. in Dresden.
1730, Sommer	Abschluss der kursächsischen Heeresreform mit dem »Zeithainer Lager« als Generalmusterung der 30 000 Mann starken kursächsischen Armee in Anwesenheit des preußischen Königs Friedrich Wilhelm I. und dessen Sohn Friedrich.

1698, Juni 4	Zar Peter I. von Russland auf der Rückreise von Holland nach Russland zu Besuch auf der Festung.
1703, April	Großkanzler Wolf Dietrich von Beichlingen und drei seiner Vertrauten als Staatsgefangene auf der Festung.
1706, Aug. 26– 1707, Sept. 22	Sicherungsverwahrung von »Goldmacher« Johann Friedrich Böttger, auf der Festung anonym als Herr mit drei Dienern geführt.
1706, Sept. 5	Leipzigs Bürgermeister Franz Philipp Romanus wird wegen Veruntreuung städtischer Gelder zu lebenslanger Festungshaft auf den Königstein gebracht. Er stirbt am 14. Mai 1746 auf der Festung.
1706, Sept. 9	Johann Reinhold von Patkul vom Sonnenstein auf den Königstein gebracht.
1709, Aug. 10	Kammerpräsident Anton Albrecht Freiherr von Imhoff und Geheimer Referendar Georg Ernst von Pfingsten kommen zur Verbüßung lebenslanger Haft auf die Festung.
1712, Nov. 16	Der russische Zar Peter I. besucht zum zweiten Male die Festung.
1715–1733	Generalleutnant Friedrich Wilhelm Freiherr von Kyaw Festungskommandant.
1716	Errichtung des steinernen Brunnenhauses durch Matthäus Daniel Pöppelmann.
1721	Einbau einer Orgel mit zehn Registern in die Garnisonskirche als Geschenk des Festungskommandanten von Kyaw.
1722–1725	Einbau des dritten großen Weinfasses in die Magdalenenburg.
1728, Jan. 21	Besuch von König Friedrich Wilhelm I. von Preußen mit seinem Sohn Friedrich. Aus diesem Anlass Trinkgelage in der Christiansburg.
1729–1731	Umbau der Christiansburg zu einem barocken Festpavillon, Umbenennung der Christiansburg in Friedrichsburg.

1733	Tod von Kurfürst Friedrich August I. in Warschau, Kurfürst Friedrich August II. tritt die Nachfolge an, zugleich als König von Polen August III.
1740, Dez. 16	Beginn des Ersten Schlesischen Krieges – Kursachsen ist Preußens Verbündeter gegen Österreich.
1742, Juli 28	Friede von Berlin: Schlesien kommt an Preußen – Kursachsen wird nicht berücksichtigt.
1744, Aug.	Beginn des Zweiten Schlesischen Krieges – Kursachsen steht an der Seite Österreichs.
1745, Dez. 25	Friede von Dresden nach der Schlacht von Kesselsdorf am 15. Dezember. Preußen behält Schlesien – Kursachsen muss 1 Million Taler Kriegsentschädigung an Preußen zahlen.
1756, Aug. 29	Beginn des Siebenjährigen Krieges mit dem Einfall Preußens in Kursachsen.
1756, Okt. 16	Kapitulation der kursächsischen Armee auf der Ebenheit bei Pirna, Kursachsen bleibt bis März 1763 unter preußischer Militärverwaltung und ist Kriegsschauplatz.
1762	Einsetzung der Restaurationskommission unter Leitung von Freiherr Thomas von Fritsch – Beginn einer umfassenden Staatsreform.
1763, Febr. 15	Friede von Hubertusburg zwischen Preußen, Österreich und Kursachsen.
1763, Okt. 7	Tod von Kurfürst Friedrich August II., Kurfürst Friedrich Christian tritt die Nachfolge an.
1763, Dez. 17	Tod von Kurfürst Friedrich Christian. Für den unmündigen Kurfürsten Friedrich August III. übernimmt Prinz Xaver die Administration.
1765, Okt.	Verzicht auf die polnische Königskrone – Ende der Sächsisch-Polnischen Union.
1768, Sept. 15	Nach Erreichung der Volljährigkeit tritt Kurfürst Friedrich August III. die Regentschaft an.
1769	Administrator Prinz Xaver verlässt Kursachsen und geht nach Frankreich.
1778/79	Bayerischer Erbfolgekrieg.
1779, Mai 13	Frieden von Teschen. Für die Kurfürstinwitwe Maria Antonia erhält Kursachsen aus dem bayrischen Erbe 6 Millionen Gulden.

1735	Umbau des Brunnenhauses mit einem bombensicheren Dach durch Jean de Bodt.
1744, Juli 19	Brand der Friedrichsburg durch Blitzschlag. Vernichtung der »Maschinentafel« und der kostbaren Spiegelwerke.
1756, Okt. 13	Flucht von Kurfürst Friedrich August II. mit Familie, Hofstaat und Ministern vom Hauptquartier der kursächsischen Armee in Struppen auf die Festung.
1756, Okt. 16	Kapitulation der kursächsischen Armee vor Friedrich II. von Preußen. Die Festung Königstein wird zum neutralen Gebiet erklärt.
1756, Okt. 20	Kurfürst Friedrich August II., Premierminister Brühl, die kurfürstliche Familie, Hofstaat und Minister dürfen den Königstein verlassen und reisen nach Warschau.
1759–1763	Auslagerung der Gemäldegalerie Dresden auf den Königstein.
1763, Aug. 2	Friedrich Wilhelm Menzel und Johann Benjamin Erfurth werden von Österreich an Kursachsen ausgeliefert und lebenslang wegen ihrer Spionagedienste für den preußischen König Friedrich II. auf der Festung arretiert. Erfurth stirbt in Ketten am 14. Juni 1776, Menzel am 22. Mai 1796.
ab 1766	Administrator Prinz Xaver lässt die alten Kasematten abbrechen und neue bombensichere Kasematten errichten. Die Außenwerke der Festung werden erneuert und mit neuen Geschützen bestückt.
1778/79	Prinz Heinrich von Preußen führt von der Festung aus den Feldzug gegen die österreichische Armee unter Feldmarschall Laudon.

1790, Aug. 3–31	Kursächsischer Bauernaufstand.
1791, Jan. 18	Mandat wider Tumult und Aufruhr.
1792, Okt. 19	Kursachsen tritt dem Reichskrieg gegen Frankreich bei und stellt ein Korps von 6000 Soldaten.
1803, Febr. 25	Reichsdeputationshauptschluss.
1806, Okt. 14	Schlacht von Jena (bei Jena und Auerstedt) mit dem Sieg Napoleons über die preußische und sächsische Armee.
1806, Okt. 15–24	Besetzung Kursachsens durch französische Truppen und Einrichtung einer französischen Militärverwaltung.
1806, Dez. 11	Vertrag von Posen zwischen Frankreich und Kursachsen. Kursachsen wird Königreich mit König Friedrich August I.
1807, Juli 9	Friedensvertrag von Tilsit zwischen Frankreich und Preußen. König Friedrich August I. bekommt von Napoleon das neu geschaffene Herzogtum Warschau übertragen.
1812	Russlandfeldzug Napoleons. Die sächsische Armee bildet das VII. Armeekorps.
1813, Aug. 26/27	Schlacht von Dresden mit Sieg Napoleons über die Hauptarmee der verbündeten Mächte Preußen, Russland und Österreich.
1813, Okt. 16–19	Völkerschlacht bei Leipzig. Napoleons Armee wird vernichtend geschlagen. König Friedrich August I. wird als Gefangener nach Berlin gebracht.
1813, Okt. bis 1815, Juni	Das Königreich Sachsen steht unter einem russischen, ab November 1814 unter einem preußischen Generalgouvernement.
1815, Mai 18	Friedensvertrag von Preßburg zwischen Preußen, Russland und Sachsen. Sachsen bleibt Königreich, muss aber zwei Drittel seines Territoriums an Preußen abtreten.
1815, Juni 9	Wiener Frieden mit Wiener Kongressakte. Bestätigung des Preßburger Friedens. Sachsen wird Mitglied des Deutschen Bundes.
1827, Mai 5	Tod von König Friedrich August I., König Anton tritt die Nachfolge an.
1830, Sept.	Beginn einer kleinbürgerlichen Revolution in Sachsen mit Unruhen in Leipzig und Dresden.

1790, Sept. 11	34 Bauern als Beteiligte am Kursächsischen Bauernaufstand werden als Baugefangene auf die Festung gebracht.
1806, Okt. 8	Brand von Kommandantenhaus, Proviantverwalterei und Heldensaal.
1809, Mai 13	Die Staatskasse wird von Dresden auf die Festung gebracht.
1812, März 30 – Juni 2	Besuch des preußischen Königs Friedrich Wilhelm III. auf der Festung Besuch der Kaiserin von Frankreich, der Königin von Westfalen und des Großherzogs von Würzburg auf der Festung.
1813–1815	Die Festung bleibt geschlossen.
1813	Auslagerung der Kunstsammlungen und der Behördenarchive auf die Festung.
1813, Juni 20	Besuch Napoleons auf der Festung.
1813, Aug. 21 – Okt. 7	Ein Bataillon französischer Soldaten ist auf der Festung stationiert. Nach deren Abzug wird die Festung als neutral erklärt.
1814, Juli 5 u. 20, Sept. 1	Besuche des russischen Generalgouverneurs Fürst Repnin-Wolkonski auf der Festung.
1815, Jan. 19	Preußische Truppen blockieren die Festung – die Festung wird in Verteidigungszustand versetzt. Die Preußen ziehen wieder ab.
1815, Juni 7	Salutschießen bei Rückkehr des sächsischen Königs Friedrich August I. aus der Gefangenschaft nach Sachsen. Königstein bleibt sächsische Landesfeste.
1816, Febr. 28	Erstmals wird Bier auf der Festung gebraut.
1816	Wiederaufbau des brandzerstörten Johannis-Saales als »Neues Zeughaus«.

1830, Sept. 13	Rücktritt von Kabinettsminister Detlev von Einsiedel, Ernennung von Bernhard August von Lindenau zum Kabinettsminister, Einsetzung von Prinz Friedrich August zum Mitregenten, Einleitung einer umfassenden Staatsreform.
1831, Jan.	Bildung eines Bürgervereins in Dresden unter leitender Mitwirkung von Advokat Bernhard Moßdorf und Nudelmüller Bertholdi.
1831, April 18/19	Erneute Unruhen in Dresden, die militärisch niedergeschlagen werden – die Aufstandsteilnehmer werden zu hohen Zuchthaus- und Gefängnisstrafen verurteilt.
1831, Sept. 4	Annahme der ersten sächsischen Verfassung, Sachsen wird konstitutionelle Monarchie.
1833, Jan.	Konstituierende Sitzung der Ständeversammlung als gewähltem Parlament.
1836, Juni 6	Tod von König Anton, König Friedrich August II. tritt die Nachfolge an.
ab 1837	Personenschifffahrt belebt Fremdenverkehr.
1845, Aug. 12	Blutiger Zusammenstoß von in Leipzig gegen Prinz Johann protestierenden Bürgern mit sächsischem Militär.
1846, März	Verhaftung von Johann Tyssowski, »Diktator des Freistaates Krakau«, in Dresden.
1848, März 13	Rücktritt des Ministeriums Könneritz, Berufung des liberalen Märzministeriums Braun – Beginn der bürgerlichen Revolution in Sachsen.
1849, Mai 3–9	Maiaufstand in Dresden als bewaffneter Kampf um die Anerkennung Frankfurter Reichsverfassung.
1849, ab Juni	Aburteilung der Aufstandsteilnehmer zu mehrjährigen Zuchthaus- und Gefängnisstrafen sowie zu Todesstrafen.
1851	Eröffnung der sächsisch-böhmischen Eisenbahn im Elbtal.
1854, Aug. 9	Tod von König Friedrich August II. in Tirol, König Johann tritt als jüngerer Bruder die Nachfolge an.
1863, August	Frankfurter Fürstentag: König Johann und Sachsens Außenminister Friedrich Ferdinand von Beust bemühen sich um eine Reformierung des Deutschen Bundes.
1866, Juni 15	Invasion Preußens in Sachsen. Beginn des preußisch-österreichischen Krieges.

1831, Sept. 3	Die Anführer des Dresdner Bürgervereins Bernhard Moßdorf und Anton Bertholdi werden zur Verbüßung einer 15-jährigen Festungshaft auf den Königstein gebracht.
1832, März 24	Fluchtversuch von Anton Bertholdi.
1833, Sept. 5	Anton Bertholdi wird erhängt in seiner Arrestzelle aufgefunden.
1833, Sept. 12	Fluchtversuch von Bernhard Moßdorf.
1833, Nov. 15	Bernhard Moßdorf wird erhängt in seiner Arrestzelle aufgefunden.
1834/35	17 Offiziere der sächsischen Armee verbüßen Festungshaft wegen Duellierens.
1846, März	Der Anfang März in Dresden verhaftete »Diktator des Freistaates Krakau« Johann Tyssowski wird Ende März auf den Königstein gebracht.
1847, Jan. 14	Tyssowski wird an Österreich ausgeliefert.
1848, März 19	Der Schornsteinfegergeselle Sebastian Abratzky erklettert ohne Hilfsmittel in einer Felsspalte die Festung.
1849, Mai 4	König Friedrich August II., die königliche Familie und die Minister fliehen wegen des Maiaufstandes in Dresden auf den Königstein.
1849, ab Aug. 29	Michail Bakunin, August Röckel, Otto Leonhard Heubner und Alexander Claus Heintze bleiben als Hauptbeteiligte am Dresdner Maiaufstand bis zu ihrer gerichtlichen Verurteilung als Staatsgefangene auf der Festung.
ab 1851	Festung als mögliche Bahnsperre im Kriegsfall.
1854/55	Neubau eines bombensicheren Schatzhauses.

1866, Juli 3	Schlacht bei Königgrätz. Militärische Niederlage der gemeinsam kämpfenden österreichischen und sächsischen Armee.
1866, Okt. 21	Friedensvertrag zwischen Preußen und Sachsen. Sachsen muss dem Norddeutschen Bund beitreten und auf wesentliche Souveränitätsrechte verzichten. Gründung des Verbandes Deutscher Arbeitervereine durch Wilhelm Liebknecht und August Bebel.
1867, Febr. 7	Militärkonvention zwischen Preußen und Sachsen. Eingliederung der sächsischen Armee als XII. Armeekorps in das Reichsheer.
1870, Juli 19	Beginn des Deutsch-Französischen Krieges.
1871, Jan. 18	Proklamation des preußischen Königs Wilhelm I. zum deutschen Kaiser im Spiegelsaal von Versailles.
1872	Leipziger Hochverratsprozess: Wilhelm Liebknecht, August Bebel und Adolf Hepner werden zu Festungshaft verurteilt.
1873, Okt. 29	Tod von König Johann, König Albert tritt die Nachfolge an, Beginn der Eingliederung des Königreiches Sachsen in das Deutsche Kaiserreich.
1896, Febr. 23	Einführung des Dreiklassenwahlrechts in Sachsen als undemokratischstes Wahlsystem in Deutschland.
1902, Juni 19	Tod von König Albert, König Georg tritt die Nachfolge an.
1904, Okt. 25	Tod von König Georg, König Friedrich August III. tritt die Nachfolge an.
1914–1918	Drei sächsische Armeekorps nehmen am Ersten Weltkrieg teil.
1918, Aug. 8	Revolutionäre Aktionen von Soldaten und Arbeitern auch in Sachsen.
1918, Nov. 10	Bildung des »Vereinigten revolutionären Arbeiter- und Soldatenrates von Groß-Dresden«.
1918, Nov. 13	Verzicht von König Friedrich August III. auf den Königsthron.
1918, Nov. 14	Bildung des Rates der Volksbeauftragten als Übergangsregierung bis zu neuen Landtagswahlen.
1919, Febr. 2	Wahlen zur sächsischen Volkskammer.
1919, Febr. 28	Vorläufiges Grundgesetz für den Freistaat Sachsen.
1920, Okt. 26	Verfassung des Freistaates Sachsen.

1866, Juli 21	Der letzte Schuss von der Festung wird gegen einen preußischen Beobachtungsposten auf dem Lilienstein abgegeben.
1866, Juli 22	Die Festung Königstein wird zum neutralen Gebiet erklärt.
1870/71	Gefangenenlager für französische Kriegsgefangene.
1873	Der Königstein wird einzige sächsische Festung im gesamtdeutschen Festungssystem, unter sächsischem Kommandanten.
1874, April/Mai	Der zu zwei Jahren Festungshaft verurteilte August Bebel verbüßt drei Wochen der Strafe im Alten Zeughaus auf dem Königstein.
1880/ 1890er Jahre	Ausbau und Nutzung der Festung zum Sperrfort des Reiches unter der Regie des wilhelminischen Kaiserreiches. An Festungsbauten entstehen: Kriegskaserne II und I, Kriegspulvermagazin, Kriegslazarett, Kaserne B und Mannschaftsbaracke.
1899/1900	Der Karikaturzeichner Thomas Theodor Heine und der Dramatiker Frank Wedekind verbüßen ihre mehrmonatige Festungshaft wegen Majestätsbeleidigung auf dem Königstein.
1914–1918	Kriegsgefangenenlager für französische und russische Offiziere und Soldaten.
1919	Gefangenenlager für Funktionäre der KPD und USPD, darunter Fritz Heckert aus Chemnitz als Mitbegründer der KPD.
ab 1920	Völlige Abrüstung der Festung. Nutzung als ziviles Objekt der Reichswehr.

1933, März 10	Ministerpräsident Walter Schieck wird von Reichskanzler Hitler seines Amtes enthoben und Manfred von Killinger als Ministerpräsident eingesetzt.
1933, April 4	Auflösung des am 22. Juni 1930 frei gewählten Sächsischen Landtages.
1933, Mai 6	Gauleiter der NSDAP Martin Mutschmann wird Reichsstatthalter.
1934, Jan.	Gleichschaltung des Freistaates Sachsen mit dem Reich.
1945, Mitte April	Sachsen wird am Ende des Zweiten Weltkrieges zum Kampfgebiet.
1945, Mai 10	Sachsen ist von amerikanischen und sowjetischen Truppen besetzt.
1945, Juni 5	Vier-Mächte-Erklärung von Berlin. Sachsen wird Teil der Sowjetischen Besatzungszone.
1945, Juni 10	Befehl Nr. 2 der Sowjetischen Militäradministration in Deutschland mit der Zulassung politischer Parteien und Massenorganisationen.
1945, Juli 18	Amtseinführung der Landesverwaltung Sachsen.
1946, April 7	Zusammenschluss von KPD und SPD zur SED.
1946, Dez. 11	Bildung der Landesregierung Sachsen nach der Landtagswahl vom Oktober 1946.
1947, Febr. 28	Annahme der Verfassung des Landes Sachsen.
1949, Okt. 7	Gründung der DDR. Sachsen wird Teil des ostdeutschen Staates.
1952, Juli 25	Beseitigung des Landes Sachsen mit dem Gesetz über die Bildung der Bezirke Chemnitz, Dresden und Leipzig sowie der Kreise.
1989, Sept./Okt.	Beginn der friedlichen Revolution in der DDR mit Demonstrationen in Leipzig, Dresden, Plauen, Karl-Marx-Stadt.
1989, Dez. 15	Erste Sitzung des Runden Tisches des Bezirkes Dresden.
1990, Okt. 3	Wiederbegründung des Freistaates Sachsen auf der Albrechtsburg Meißen.
1990, Okt. 14	Wahlen zum Sächsischen Landtag.
1992, Mai 26	Annahme der Verfassung des Freistaates Sachsen.

ab 1941	Offiziersgefangenenlager IV B für französische Generäle und höhere Offiziere.
1942, April 17	Flucht des französischen Generals Henri Giraud von der Festung.
ab 1942	Auslagerungsstätte für Kunstgut der Dresdner Kunstsammlungen, der Sächsischen Landesbibliothek sowie des Sächsischen Hauptstaatsarchivs.
1945, Mai 9	Kampflose Übergabe der Festung an die Sowjetarmee.
1945, Mai 11	Eine Sondereinheit der amerikanischen Armee holt amerikanische Kriegsgefangene von der Festung ab.
ab 1945, Juni	Nutzung als Lazarett durch die Sowjetarmee.
1947/48	Festung »herrenlos«.
1949–1955	Nutzung als Jugendwerkhof durch das Ministerium für Volksbildung der DDR.
1955, Mai 29	Eröffnung als Museum.
1991	Festung Königstein wird Eigentum des Freistaates Sachsen.

Biografische Notizen zu ausgewählten Personen

(mit Seitennachweisen)

Abratzky, Sebastian, Schornsteinfegergeselle, *1830 Mahlis bei Oschatz, † 1896 Dresden S. 47

Albrecht I. aus askanischem Hause, Herzog von Sachsen-Wittenberg († 8.11.1261), 1212 Herzog, Enkel von Albrecht dem Bären S. 12

Andersen, Hans Christian, dänischer Schriftsteller, *2.2.1805 Odense, † 4.8.1875, errang Weltruhm durch seine Märchen, reiste zu seiner ersten Auslandsreise im Sommer 1831 in den Harz und die Sächsische Schweiz. Es folgten weitere 28 ausgedehnte Reisen durch ganz Europa, die er literarisch verarbeitete. Er schrieb im Stil der Empfindsamkeit der Romantik S. 6

August, Kurfürst von Sachsen, *31.7.1526 Freiberg, † 11.2.1586 Dresden, unter seiner Regentschaft wird das albertinische Kurfürstentum Sachsen zu einem der bedeutendsten deutschen Territorialstaaten S. 17, 19, 53 f.

Bakunin, Michail Alexandrowitsch, russischer Revolutionär und Anarchist, *30.5.1814 Toroholt, † 1.7.1876 Bern, militärischer Berater der Provisorischen Regierung Sachsen in Dresden während des Maiaufstandes vom 3. bis 9.5.1849 S. 41

Batu Khan, Mongolenfürst, *um 1205, † 1255 in Sarcy, Enkel von Dschingis Khan, verwüstete Polen 1241/42, Herrscher über die Goldene Horde S. 11

Bebel, August, Mitbegründer der Sozialdemokratischen Partei in Deutschland, *28.2.1840 Deutz bei Köln, † 13.8.1913 Passegg bei Chur (Schweiz), ab 1867 Mitglied des Reichstages, Führer der deutschen Sozialdemokratie S. 42, 65

Beichlingen, Wolf Dietrich, Reichsgraf von, Großkanzler unter Kurfürst Friedrich August I. von Sachsen, *13.2.1665, † 28.9.1725 S. 35 f.

Berger, Gottlieb, General der Waffen-SS, *16.7.1896 in Gerstetten, † 5.1.1975 Stuttgart, SS-Obergruppenführer, 1944 Generalinspekteur des Kriegsgefangenenwesens S. 44

Bertholdi, Anton, Nudelfabrikant in Dresden, *1787, † 26.9.1833 auf der Festung Königstein, Mitbegründer des Dresdner Bürgervereins 1831 S. 40 f.

Bodt, Jean de, Architekt, Ingenieur und Offizier, *Oktober 1670, † 3.1.1745 Dresden, ab 1728 in kursächsischen Diensten, Generalintendant der Militär- und Zivilbauten, Chef des Ingenieurkorps, 1735 Gouverneur von Dresden-Neustadt S. 18, 20, 55

Böttger, Johann Friedrich, Apotheker, *4.2.1682, † 13.3.1718 Dresden, Erfinder des europäischen Hartporzellans S. 37

Brühl, Heinrich Graf von, kursächsischer Premierminister, *13.8.1700 Gangloffsömmern, † 20.10.1763 Dresden, Leibpage und Kammerherr bei August dem Starken, ab 1738 Außenminister und ab 1746 Premierminister von Kurfürst Friedrich August II., politisch wirksam gegen die preußische Aggressionspolitik S. 28, 39, 47

Buchner, Paul, Baumeister, *1531 Nürnberg, † 23.1.1607 Dresden, ab 1559 in Dresden als Hofhandwerker, 1578 Oberst-, Haus- und Landzeugmeister S. 20, 51, 65

Christian I., Kurfürst von Sachsen, *29.10.1560 Dresden, † 24.9.1591 Dresden, sächsischer Kurfürst nach dem Tod des Vaters August ab 11.2.1586, in seiner Regierungszeit »Zweite Reformation« und Versuch zum Aufbau eines frühabsolutistischen Regierungssystems S. 19 f., 23, 33, 57, 63

Bildnachweis

Archiv Festung Königstein gGmbH
S. 1, 7, 11, 16, 18, 19, 21–25, 27–32, 46, 47, 49 unten

Mauksch, Peter (Grafik, Design Pirna)
S. 66–67

Röhling, Birgit und Jürgen, Markkleeberg
S. 4, 8, 9, 45, 48, 49 oben, 50–65, 95 sowie die Umschlagmotive

Sächsische Schweiz. 13 schöne alte Karten. Hg. von Hans Brichzin und Hans Brunner, Berlin, Leipzig 1983 (Repro)
S. 26

Verlagsarchiv
S. 14, 17, 20, 34–42

Literaturhinweise

Andersen, Hans Christian: Reise von Leipzig nach Dresden und in die Sächsische Schweiz. Nachdruck. Dresden 1991.

Beyrich, Ludwig: Chronik des Königsteins. [Königstein 1842]. Unveröffentlichtes Manuskript in: Sächs. Hauptstaatsarchiv Dresden, Bibliothek.

Brichzin, Hans: Richtig wandern. Sächsische Schweiz. Köln 1993.

Brichzin, Hans und Hans Brunner: Sächsische Schweiz. 13 schöne alte Karten. Berlin, Leipzig 1983.

Groß, Reiner: Geschichte Sachsens. 4. Aufl. Leipzig 2012.

Heckel, Christian: Historische Beschreibung der weltberühmten Festung Königstein: wobey zugl. ... etwas von der alten Burg Dohna in Meißen gehandelt wird. Nebst einigen Kupffer-Stichen. Dresden 1736.

Jurgas, Gottfried: Gefangene auf dem Königstein. Berlin 1980.

Klecker, Christine: Wie Dohna verlorenging. Dresden 1991.

Klemm, Albert: Der Königstein in alter und neuer Zeit. Leipzig 1905.

Meiche, Alfred (Hrsg.): Die Burgen und vorgeschichtlichen Wohnstätten der Sächsischen Schweiz. Dresden 1907.

Meiche, Alfred: Sagenbuch der Sächsischen Schweiz und ihrer Randgebiete. 2. Aufl. Dresden 1929.

Schmidt, Otto Eduard: Kursächsische Streifzüge. 6. Band: Dresden. und die Sächsische Schweiz. Dresden 1928.

Schuster, Heinrich: Die Baugeschichte der Festung Königstein. Berlin, Stuttgart 1926.

Taube, Angelika: Festung Königstein. Zur Geschichte eines Baudenkmals der Sächsischen Schweiz. Berlin 1990.

Dies.: Festung Königstein. Die Bergfestung in der Sächsischen Schweiz. Hamburg o. J.

Dies.: Festung Königstein. Leipzig 2014.

Vogel, Richard: Gebiet Königstein Sächsische Schweiz. Berlin 1957.

Weber, Dieter: Die Festung Königstein. 3. verb. Aufl. o. O. 1962.

Autor und Verlag danken Klaus Gumnior für seine Zustimmung, dass der in der Zeitschrift »Sächsische Heimatblätter« (2/2012) veröffentlichte Beitrag nebst Abbildungen als Grundlage für diese nun wesentlich erweiterte Publikation verwendet werden konnte.